Ludwig Anders

Wild West

Erlebnisse im Land der Indianer

Ludwig Anders

Wild West
Erlebnisse im Land der Indianer

ISBN/EAN: 9783743309791

Hergestellt in Europa, USA, Kanada, Australien, Japan

Cover: Foto ©ninafisch / pixelio.de

Manufactured and distributed by brebook publishing software
(www.brebook.com)

Ludwig Anders

Wild West

Wild-West.

Erlebnisse im Lande der Indianer

von

Ludwig Anders.

Berlin.

Verlag von Carl Georgi.

Auf gefährlichen Pfaden.

Erstes Kapitel.

Unangenehme Überraschungen.

Der Schauplatz der nachstehenden kleinen Erzählung ist östlich von dem Felsengebirge Nordamerikas, in dem heutigen Montana zu suchen.

Die goldene Sonnenkugel stieg eben über dem östlichen Horizonte empor, da trat ein Jäger aus dem Walddickicht auf eine kleine, frischgrüne Lichtung hinaus. Er blieb sichtlich überrascht stehen und ließ seinen Blick in die Runde schweifen.

Es war wirklich ein prächtiges Stück Land, das sein Auge erschaute und das selbst dem an Naturschönheiten ge= wöhnten Waldläufer einen Ruf der Bewunderung abzwang. Westwärts stiegen die geisterhaften Bergesgipfel der Felsen= gebirge mit ihren riesenhohen Steinwänden himmelan. Man sah deutlich die Terrassen mit ihren schroffen, phan= tastischen Formen und die Einschnitte und Schluchten mit ihrem wunderbaren Blau. — Nordwärts erstreckte sich der majestätische, unendliche Wald mit seinem steten Wechsel der Baumarten. Da gab es die roth= und goldschimmernde Espe, die deutsche Eiche und Buche, den prächtigen Hikory mit seinen dickschaligen Nüssen und darüber gewoben die wilde Rebe mit ihren citronenfarbigem Laube und Schling= kräutern von seltsamen Formen und Farben. — Im Osten zog sich ein im frischen Grün prangendes Flußthal hin, bestreut mit kleinen, schattigen Wäldchen und Buschdickichten, die des Gärtners Hand hierher verpflanzt zu haben schien

1*

und die besonders durch ihren Farbenwechsel auffielen. — Im Süden endlich reihte sich Höhenzug an Höhenzug, zum Teil nackt, zum Teil bewaldet, und denkt man sich über allen dem die Purpurglut des Himmels, so hat man eines jener Bilder, wie sie in dem gottbegnadeten Amerika häufig vorkommen.

Der Mann, der sich ganz dem Reize der Natur hin= gab, war noch jung, dabei besaß er aber einen herkulischen Körperbau und kräftige Sehnen und Muskeln. Das täg= liche Leben in der Wildnis hatte ihn gestählt und seine Glieder geschmeidig und geschickt gemacht, selbst die schwersten Strapazen mit Leichtigkeit zu überwinden. — Sein von der Sonne gebräuntes Angesicht strotzte vor Gesundheit und Frische und die Blauaugen schauten so gutmütig und so unbesorgt in die Welt hinaus, als befinde er sich an der Stätte der Civilisation und nicht in der gefahrdrohenden Wildnis, wo hinter jedem Baum, jedem Busch der Tod lauert.

Coll, so wollen wir der Kürze halber den jungen Mann nennen, ging nach Art der Trapper ganz in Leder gekleidet und selbst die Mütze, die er auf das rechte Ohr geschoben, war aus demselben Stoff gefertigt. Auch fehlten die ledernen Mokassins nicht, ohne die ein Prairiemann wohl schwerlich gedacht werden kann und die bei Coll von einer bemerkenswerten Sauberkeit waren. Fügen wir noch hinzu, daß der junge Hinterwälder ein großes, an einer starken Lederschnur befestigtes Pulverhorn trug, daß in seinem breiten, mit Fransen verzierten Gürtel ein haar= scharfes Messer und ein sechsschüssiger Revolver steckten und daß er eine schwere Doppelbüchse mit sich führte, so haben wir vorläufig alles gesagt, was meine lieben Leser über eine der Hauptpersonen der Erzählung vielleicht zu wissen begehrten.

Noch immer stand der Mann und blickte über das Flußthal hinaus. Da hinten in weiter Ferne schimmerte eine braune Fläche, ein Stück Prairie, herüber. Augen= blicklich schien die Ebene in Purpurglut des Himmels ge= taucht, aber nur zu bald folgte das kalte Graublau und dann sah die Steppe gegen den Horizont wie das Meer aus. — Von dort her drohte die größte Gefahr. Auf der Prairie fanden sich stets jagdlustige Indianer, die nicht nur nach dem Blute des Büffels, sondern auch nach dem Blute der „Bleichgesichter" dürsteten.

Endlich wandte sich Coll, schritt über die Lichtung und betrat den gegenüberliegenden Wald. Die Finger seiner linken Hand umspannten den Hals eines toten Bibers, den er vor wenigen Minuten da unten am See aus einer der aufgestellten Fallen geholt.

Wie das jubilierte und musizierte um ihn her! Hunderte und aber hunderte gefiederter Sänger saßen in Busch und Baum und stimmten das übliche Frühconcert an. Und während sie der Musika oblagen, flatterten andere Fittig= träger von Zweig zu Zweig oder hockten wie traumverloren auf dürrem Geäst.

Coll war es gewohnt, auf alle Stimmen in der Natur zu achten. Plötzlich blieb er stehen und horchte. Ein klägliches Miauen tönte herüber und dann schnurrte und fauchte es, als seien Katzen in arger Bedrängnis.

„Alle Wetter, das sind junge Kuguare!" flüsterte Coll, nahm die Büchse schußbereit in die rechte Hand und schritt lautlos über den weichen Waldboden, der Stelle zu, von welcher her noch immer die sonderbaren Laute vernehmbar waren.

Endlich erreichte er den Ort. Eine mächtige, wohl mehrere hundert Jahre alte Ulme breitete ihre gewaltigen Zweige nach allen Himmelsgegenden hinaus und auf einem dieser starken Aeste hockten zwei der wilden Kätzlein, ver= stummten aber sofort, als sie den für sie so gefährlichen Menschen erblickten und retirirten hinter das schützende Blätterdach.

„Ha, ihr Teufelsbrut, ich habe euch schon bemerkt!" rief Coll lachend, warf den Biber auf den Boden und hob das todtbringende Rohr nach oben. Plötzlich kam ihm eine andere Idee. Er lehnte das Gewehr gegen den Stamm eines Nachbarbaumes und löste den Lasso, welchen er ge= rollt um den Leib trug.

„Ich werde das Viehzeug lebendig einfangen!" sagte er zu sich selbst. „Jonas wird mich zwar wieder aus=

schelten, aber ich habe für mein Leben gern solche aben=
teuerlichen Jagden!"

Er warf bei diesen Worten den Lasso über den nächsten
Ast, zog das Ende nach und kletterte nun mit bewunderns=
werter Leichtigkeit an dem Doppelseil empor.

Die Tiere da oben fühlten die für sie hereinbrechende
Gefahr, wimmerten, fauchten, heulten und flohen endlich
entsetzt den Stamm empor. Jetzt erst kam dem jungen
Manne der Gedanke, die Mutter der Kätzlein könne an=
wesend sein, aber bald überzeugte er sich, daß er von der
Alten nichts zu befürchten habe. Die trieb sich irgendwo
im Walde umher und ehe sie zurückfehrte, hatte er die
Tierlein eingefangen.

Jetzt hatte Coll den Ast erreicht, schwang sich hinauf
und begann die Verfolgung, die durchaus nicht so leicht war,
als der Jäger vorher geglaubt. Die furchtsamen Geschöpfe
sprangen von Zweig zu Zweig, miauten kläglich und
schmiegten sich endlich, das Vergebliche der Flucht einsehend,
nebeneinander zwischen die Gabeln eines Astes und er=
warteten am ganzen Leibe zitternd den erbarmungslosen Feind.

Plötzlich ertönte da unten ein entsetzliches Geheul,
hierauf krachten die Gebüsche und dann flog ein dunkler
Thierkörper heran. Es war die Alte, welche das Angst=
geschrei der Jungen vernommen und nun wutentbrannt
herzustürzte.

„Alle Teufel, das ist eine unangenehme Ueberraschung!"
rief Coll, aber er verlor keineswegs den Mut. So schnell
es die örtlichen Verhältnisse gestatteten, stieg er hinab,
zog sein Messer und erwartete kaltblütig den Gegner und
zwar da, wo das Geäst begann.

Der Kuguar sprang in gewaltigen Sätzen herzu. Ein=
mal strauchelte er, fiel und kugelte über einen gestürzten
Baumstamm, aber dieser unliebsame Zwischenfall reizte seine
Wut nur noch mehr. Ein kurzer Anlauf, dann schlug die
Bestie die Krallen in die weiche Rinde der Ulme und raste
an dem Stamm empor. Mit offenem Rachen, aus dem
ein stinkender Atem drang, nahte das zum höchsten Zorn

entflammte Tier dem Räuber seiner Jungen. Schon hob es eine seiner Tatzen zum töbtlichen Schlage, da stieß ihm Coll mit blitzschneller Bewegung das lange Messer in das eine Auge.

Ein markdurchschütternder Schrei erfolgte. Die Bestie wich zurück, aber schon im nächsten Augenblick stürzte sie sich auf den Jäger. Da ertönte ein peitschenartiger Knall. Das Untier zuckte zusammen, stöhnte laut auf und fiel dann schwer zu Boden; da unten lag der Kuguar durch den Kopf geschossen und rührte kein Glied mehr.

„Will verdammt sein, wenn nicht der Coll wieder einmal einen dummen Streich gemacht!" ließ sich eine tiefe Stimme vernehmen und ein zweiter in Leder gekleideter Jäger trat aus dem nächsten Gebüsch. Er lud erst ruhig seine Büchse und schritt dann auf die Ulme zu. „Je älter, desto leichtsinniger wirst Du, Coll!" fuhr der alte Mann strafend fort. „Hätte mich nicht Dein langes Ausbleiben beunruhigt und wäre ich nicht einer gewissen Ahnung folgend hierher gekommen, Du hättest Dir einige böse Schmarren zugezogen. — Was zum Teufel thust Du da oben auf dem Baume, wenn ich fragen darf?"

Coll lachte herzlich auf.

„Sei nur gut, Jonas, ich wollte für Dich ein paar Kätzlein einfangen. Die Frau Mama kam etwas zu früh dazu, aber ich hätte sie mir auch ohne Deine Kugel vom Halse gehalten. Sei nur gut, Jonas, ich will's auch nicht wieder thun!"

Der Alte schüttelte das weißhaarige Haupt.

„Bist wirklich ein Leichtfuß, der niemals ernst und gesetzt wird. Was kümmern uns die Kuguare, wo es edleres Wild in Hülle und Fülle giebt!" — Er stieß seinen Fuß verächtlich gegen die todte Bestie: „Die Haut dieses nichtsnutzigen Geschöpfes ist kaum ein paar Cent wert. Komm herunter und laß das Viehzeug in Ruh!"

Coll warf noch einen begehrenswerten Blick auf die beiden jungen Raubtiere, die schüchtern die Köpfe hoben, aber er bezwang sich und kehrte an dem Lasso zur Erde zurück.

Jonas war bereits an sechzig Jahre alt. Er hatte den Westen Nordamerikas nach allen Richtungen hin durchquert, kannte jeden Fluß, jede Prairie, jede nur irgend nennenswerte Savanne und lebte und webte in seinem Beruf als Trapper und Waldläufer.

Seine Geschicklichkeit im Gebrauch der Feuerwaffen war weit und breit bekannt, ebenso auch seine Treue und Rechtlichkeit gegen Bleichgesichter und Rothäute — aber auch sein unversöhnlicher Haß gegen alle die, welche ihn jemals beleidigt, ein Charakterzug, der allen Prairiemännern, gleichviel von welcher Gesichtsfarbe, innewohnt.

An Coll vertrat er Vaterstelle. Er hatte ihn als kleines Kind in einer der volkreichsten Städte am Missisippi gefunden und betrachtete ihn seit der Zeit als sein Kind. Der junge Mann war sein Liebling, sein Augapfel, den er mit seinem Leibe deckte in jeder Gefahr und für den er Not und Entbehrung trug. Dafür liebte ihn auch Coll von ganzem Herzen und folgte dem Rat des Alten gern und willig.

Zweites Kapitel.

Der Schwarzfußindianer.

Schweigend schritten die beiden Jäger nebeneinander her dem Lager zu.

Der alte Jonas liebte es zwar, seine innersten Gedanken laut werden zu lassen, aber der schmetternde Gesang der Vogelstimmen rings umher, denen er so gern lauschte, legte ihm Stillschweigen auf.

Endlich wurde der Lagerplatz erreicht. Derselbe war überaus sinnig und zugleich klug angelegt und zwar inner-

halb eines mit Lianen vollständig durchwachsenen Baum=
dickichts. Niemand hätte dort in dem Pflanzenwirrsal den
Aufenthaltsort menschlicher Wesen vermutet und doch ver=
barg es eine ansehnliche Hütte, groß genug, um den beiden
Jägern und ihren Pferden Raum zu gewähren. Wilde
Reben drapirten das aus Schilf und starken Baumzweigen
hergestellte Häuschen und Schlingkraut, in roten Festons
herabhängend, bedeckte das ganze Dach und verschloß sogar
den schmalen Eingang der romantischen Klause.

Jonas bog ein paar Lianen zur Seite und betrat das
Versteck, doch fuhr er bestürzt zurück, denn auf dem kleinen
Platz vor der Hütte stand ein Indianer. Er hatte beide
Hände auf den Lauf seiner Büchse gestützt und blickte schein=
bar gleichgültig auf den kleinen Feuerherd, den die Trap=
per wohlweislich zwischen einer künstlichen Felsengruppe angelegt.

Jonas hob sein Gewehr, aber jetzt wandte der In=
dianer den Kopf und sagte:

„Wanitoa ist kein Feind der Bleichgesichter. Er freut
sich, seinen weißen Vater nach vielen Monden wieder be=
grüßen zu können!"

„Ah, Du bist's, Häuptling!" rief Jonas erfreut und
ergriff die Rechte des roten Mannes. „Wetter noch
einmal, das ist eine angenehme Ueberraschung, Dich hier
zu sehen, aber wie fandest Du unser Versteck?"

Der Angeredete zeigte auf die Fußbekleidung des Jägers.
„Mein Vater hinterläßt Fährten!" sagte er einfach.

„Das ist richtig, Häuptling!" versetzte der Alte ärger=
lich. „Ich war unvorsichtig heute und unterließ, die Spuren
zu verwischen. — Sieh, Häuptling, das ist mein Pflege=
sohn, ein leichtsinnig Blut, aber treu und bieder. Ich hoffe,
Ihr werdet beide mit einander auskommen. — Schau her,
Coll, hier kannst Du eine Rothaut kennen lernen, die an
Tapferkeit ihresgleichen sucht. Wanitoa ist ein Häuptling
vom Stamme der Schwarzfüße, offen und ehrlich und ohne
gespaltene Zunge. Ich war seinerzeit so glücklich, den Vater
dieses jungen Kriegers aus den Händen der „Schleichenden
Katze" zu erretten und seit der Zeit nennt mich Wanitoa

seinen Freund. So, nun kommt und laßt uns das Frühstück einnehmen; es giebt heute einen saftigen Büffelhöcker, Häuptling!"

Er ging zu dem Feuerherd, hob eine Steinplatte auf und beförderte den duftenden Braten an das Tageslicht.

Und nun lagerten sich die drei auf dem weichen Rasen und ließen sich das köstliche mit Salz und Pfeffer bestreute Fleisch wohlschmecken.

Jetzt erst fand Coll Muße, den neuen Kameraden zu betrachten. Wanitoa war eine edle Erscheinung groß und schlank gewachsen. Er trug eine dunkel geräucherte Leder- kleidung, deren Nähte mit Goldtressen und Skalplocken ver- ziert waren; auch an den Mokassins zeigten sich Büschel von Menschenhaaren und schmale rote Lederschnüre, die noch zu allem Ueberfluß allerlei glänzende Flitter und Glasperlen zur Schau stellten. Den stolz erhobenen Kopf zierte eine Mütze von Hermelin mit zwei Büffelhörnern; nur Tapfere oder bei dem Volke beliebte Krieger durften einen solchen Schmuck tragen.

Alle waren jetzt gesättigt. Jonas zog seine Pfeife heraus, stopfte mit einer gewissen Feierlichkeit den Tabak hinein, zündete ihn an, that einige kräftige Züge und über- reichte dann das Kalumet an seine Gefährten. Damit war der üblichen Sitte Genüge geleistet und die nachfolgende Be- ratung gewissermaßen geheiligt.

„Und nun erkläre uns, Häuptling, wie du ganz allein in eine Gegend kommst, die von den Heimatdörfern deines Stammes so entfernt liegt!" forschte Jonas. „Ich nehme an, du bist mit den Kräheninbianern, den Urfeinden deiner Nation, zusammengestoßen!"

„Hugh!" machte der Indianer erstaunt, „Mein wei- ßer Vater besitzt eine kluge Medizin! Seine Worte ent- halten Wahrheit. Wanitoa zog vor zwei Monden mit den besten seiner Krieger nach Süden, um den Büffel zu jagen. Da kam die „schleichende Katze" mitten im tiefsten Frieden, überfiel unser Lager und tötete alle Stammesgenossen. Wanitoa entkam. Sein entkräfteter Mustang steht drüben unter den Felsen!"

„Oh, Teufel, Häuptling, das sind ja böse Nachrichten, die du uns da bringst!" rief der Alte erschrocken und erhob sich. „Dann haben wir also die „Schleichende Katze" in kürzester Frist zu erwarten. Wieviel Krieger zählt der Feind?"

Der Schwarzfuß hob alle Finger der beiden Hände. „Wanitoa zählte fünfmal so viel!" erklärte er einfach.

„Das sind fünfzig!" sagte Coll leicht hin. „Freilich für unsere Büchsen eine anständige Zahl; aber ich glaube nicht, daß sich die Kräheninbianer bis hierher wagen werden.. Sie fürchten sich, den Gelbsteinfluß zu überschreiten und das Gebiet ihrer Feinde zu berühren!"

„Die Schleichende Katze kümmert sich wenig um Gebietsverletzung, wenn es sich darum handelt, Rache zu üben!" gab Jonas zu bedenken. „Erfährt er, daß er außer Wanitoa noch ein paar verhaßte Bleichgesichter zu fangen vermag, so scheut er weder Zeit noch Mühe, um seine Pläne zu verwirklichen. — Wir müssen sofort den Ort verlassen. Verbirg unsere Geräte, Felle und was wir sonst noch zu behalten wünschen, mein Junge; ich will hinunter nach dem See und die Fallen heraufholen!"

Er verließ eilend das Dickicht. Wanitoa brachte sein Pferd herbei, einen prächtigen Mustangfuchs, und dann half er Coll bei der Arbeit. Die halb trocknen Hirsch-, Büffel- und Biberhäute wurden von den Stangen genommen und in einem unterirdischen Raum, der bereits wertvolle Pelze beherbergte, verborgen, der Feuerherd wurde zerstört, die Kohlen in alle Winde gestreut und das Innere der Hütte und alle verräterischen Stellen des Lagers mit Erde und Blättern bestreut.

Coll belud die Pferde mit Fleisch, auch der Indianer nahm einen Vorrat in seine Satteltasche, und nun traten die Beiden aus dem Versteck und lauschten nach dem Flußthal hinüber. Aber Stunde nach Stunde verrann und Jonas kam nicht.

Coll wurde unruhig. Sollte seinem Pflegevater ein Unglück zugestoßen sein? Da plötzlich ertönte ein Büchsenschuß, dem gleich darauf ein zweiter folgte.

„Teufel, was ist das?" rief der junge Mann er=
schrocken und dann sprang er in gewaltigen Sätzen der be=
drohten Stelle zu. Auf halbem Wege kam ihm Jonas mit
den Fallen entgegen.

„Zurück!" rief er schon von weitem. „Die Krähen
werden bald hier sein. Einer von den Schuften sandte
eine Kugel nach mir, was ihm aber übel bekommen ist!"

Im schnellsten Laufe erreichten die Trapper das
Dickicht, wo bereits der Schwarzfuß mit den Pferden stand.
Jonas verbarg in aller Eile die eisernen Fallen, verwischte
die gemachten Spuren und dann schwangen sich die drei
Männer in die Sättel.

Coll warf noch einen letzten Blick auf das liebe Pläz=
chen und ein Gefühl von Wehmut beschlich ihn. Ob er
jemals wieder hierher zurückkehren durfte? An den Tod
dachte er nicht, trotzdem er ihm sozusagen entgegenging. —

„Wir müssen zunächst die Felsen zu erreichen suchen!"
sagte Jonas halblaut zu den Gefährten. „Das harte Ge=
stein läßt keine Spuren zurück und der Wald, der sich
glücklicher Weise bis dicht an die Berge hinzieht, verbirgt
uns vor den Feinden."

„Und wenn wir die Felsen erreicht haben, was dann?"
forschte Coll.

„Dann wenden wir uns nach Norden an den Krähen
vorüber!" gab der Alte sofort zurück. „Sie werden uns
südlich suchen und ehe sie ihren Irrtum erkennen, liegen
Meilen zwischen uns. Erreichen wir den Gelbsteinfluß vor
unseren Feinden, dann sind wir geborgen. Uebrigens denke
ich, Häuptling, die Kunde von Deinem Mißgeschick wird be=
reits in den Dörfern Deines Heimatlandes die Runde
gemacht haben, und daß man Dich nicht im Stiche läßt,
ist selbstverständlich. — Alle Wetter da drüben, rechts von
uns schleicht eine Rothhaut. Ich will verdammt sein, wenn
das nicht ein Späher der Krähen ist. Das Gezücht scheint
unsren Schlupfwinkel entdeckt zu haben, und wir können
uns demnach den Ritt nach den Felsen ersparen!"

Durch das niedere Unterholz lief gebückt eine braune Gestalt. Zeitweise sah man nichts von ihr, aber dann tauchte der federgeschmückte Kopf des Wilden zwischen Gebüschen auf, die lückenhaft standen.

„Hugh!" machte der Schwarzfußindianer, dann sprang er blitzschnell vom Pferde und flog wie ein Pfeil hinter dem Feinde her.

Drittes Kapitel.

Die schleichende Katze.

Etwa drei Meilen (englische) von dem Schlupfwinkel der Jäger entfernt, lagerte ein Trupp Indianer. Sie gehörten dem Stamme der Krähen an, waren wohl bewaffnet und gut beritten.

Dieser Menschenschlag ist groß und schlank gewachsen, ja es giebt Leute von sechs Fuß Höhe unter ihnen. Ihr Haar ist äußerst stark und bisweilen so lang, daß es beim Gehen den Boden berührt. Sie schweifen den größten Teil des Jahres umher und greifen ihre Feinde an, wo sie sie finden. Mit den Schwarzfüßen leben sie in steter Feindschaft, trotzdem sie den verhaßten Nachbaren an Kopfzahl nachstehen.

Es waren hier, wie Wanitoa richtig gezählt hatte, fünfzig Krieger anwesend. Einige derselben brieten riesige Fleischstücke über Kohlenfeuer, andere beschäftigten sich mit ihren Waffen, noch andere — und ihre Zahl war nur gering — überließen sich dem erquickenden Schlafe.

Der Mond erblaßte und im Osten rötete sich der Himmel, ein Zeichen, daß die Sonnenscheibe sich dem Hori=

zonte näherte und daß die Nacht dem Tage zu weichen
begann.

Schon meldeten sich einige Vogelstimmen. Dort unten
am röhrigen Dickicht zwitscherte der Bobolinks und ihm
nach folgte der Hüttenfänger mit seinem traulichen Gewirbel
und der Papstfinke mit seinem feurigen Lied. Aber sie
verstummten momentan vor der preisgekrönten Spottdrossel,
der Meisterin des Gesanges, dessen Fülle, Weichheit, Rein=
heit und Wohllaut nur einen Vergleich in der gefiederten
Welt bestehen kann, nämlich mit dem Schlage der euro=
päischen Nachtigall.

An dem Stamm einer Hikory gelehnt stand der Häupt=
ling des Stammes die „Schleichende Katze“. Die große
Büffelhaut, welche seine Schultern bedeckte und den Leib
umschloß, verbarg die kräftigen Glieder und die nackte,
mächtige Brust, auf welcher das „Totem“ in grellen Farben
prangte. Die langen, pechschwarzen Haare, durchschürzt mit
schmalen, roten Lederstreifen, hingen über Nacken und
Schultern herab, und wenn auch der Träger des Kopf=
schmuckes versucht, die widerspenstigen Strähnen zusammen=
zuhalten, es war ihm nicht gelungen: sie umgeben die
Riesengestalt wie ein Mantel.

Ernst und in sich gekehrt stand der Häuptling da.
Keine Muskel seines etwas schmalen Gesichtes zuckte und
keine Bewegung des Körpers verriet, daß Leben in ihm
sei. Und doch stritten sich in der Brust dieses stolzen und
ehrgeizigen Mannes die widerstreitendsten Gedanken und die
heftigsten Gefühle.

Seit vielen Tagen schon folgte er der Spur seines
Todfeindes, des Schwarzfußhäuptlings, und wenn er täglich
und stündlich gehofft, er werde ihn ereilen und ihn in seine
Gewalt bekommen — noch war diese Hoffnung bis jetzt zu
Schanden geworden. — Er lechzte nach dem Blute des
verhaßten Gegners, er weidete sich im Geiste bereits an den
Qualen seines Opfers; aber wie lange konnte es noch dauern,
ehe es ihm vergönnt war, den Speer wollüstig in das
zuckende Fleisch des Feindes zu bohren?

Seit gestern hörte jede Spur des Schwarzfußes auf, und wenn auch die „Schleichende Katze" Himmel und Erde in Bewegung gesetzt, die verlorene Fährte wiederzufinden, — bis zu diesem Augenblick war ihm das nicht gelungen. Späher durchstrichen seit Stunden die ganze Gegend, durch= suchten jeden Busch, jedes Dickicht, durchforschten Bach, Wiesenthal und Waldesgrün, aber noch immer vergeblich. Schon waren alle zurückgekehrt bis auf einen und dieser eine war ein blutjunger Krieger, der zum ersten Mal auf dem Kriegspfade ging — auf ihn stand also wenig Hoffnung.

„Hugh!" stieß der Häuptling hervor; denn wie aus dem Boden hervorgezaubert erschien jener Anfänger im Waffenhandwerk. Unterwürfig stand er da, das hübsche braune Haupt gesenkt, die Arme demutsvoll auf der Brust gekreuzt.

„Was hat mein junger Bruder zu melden?" forschte der Häuptling. Er schämte sich, seine Ueberraschung vor jenem Jüngling kundgegeben zu haben.

Der junge Krieger überreichte schweigend eine schmale Goldtresse, wie sie der Schwarzfußhäuptling zu tragen be= liebte, und abermals entfuhr dem Munde der „Schleichenden Katze" ein Ruf des Erstaunens. Da endlich besaß er doch etwas von seinem Todfeinde, ein unscheinbares Zeichen nur, aber vollkommen ausreichend für ihn, den gewiegten Fährtensucher.

„Mein junger Bruder soll „Blitzauge" heißen," sagte er zu dem Jüngling, dessen Gesicht vor Freude erglühte und dessen Brust sich höher hob ob solcher Ehre und Aus= zeichnung. „Will mir „Blitzauge" nicht sagen, wo er dies Zeichen gefunden hat?" fuhr der Häuptling scheinbar ruhig fort.

Der Krieger hob seine Rechte und zeigte hinüber nach dem bläulich herüberschimmernden Felsengebirge:

„Dort am Bergeshang fand „Blitzauge" die Spur des Feindes und dieses goldige Band. Manitoa ist nicht allein, zwei Bleichgesichter befinden sich in seiner Gesellschaft!"

Zum dritten Male klang das „Hugh!" von den Lippen des Häuptlings. Eine derartige Enthüllung sagte ihm wenig zu; denn er wußte ganz genau, daß solche Pioniere der Wildnis vorzügliche Schützen waren, einen erstaunens= werten Mut besaßen und vor keiner Gefahr zurückbebten. Er wußte ferner, daß solche Waldläufer nur selten ver= einzelt umherstreiften, sondern zu ganzen Trupps und mit vorzüglichen Waffen versehen, die Indianergrenze über= schritten. Und doch handelte es sich hier um die Befrie= digung der Rache, um die Erfüllung eines Schwures, den Sohn seines Todfeindes an den Marterpfahl zu schlagen und sein Blut fließen zu sehen.

Schien es nicht, als habe der Krähenhäuptling die wichtige Botschaft vergessen und als lausche er nur einzig und allein dem bezaubernden Gesange der Spottdrossel? Das Haupt gesenkt, die Augen geschlossen, die Lippen fest aufeinander gepreßt, so stand er da und beachtete weder den demütig harrenden Boten noch die sich zum Aufbruch rüstenden Krieger. Und doch arbeitete sein Geist an dem Racheplan und schloß Glied an Glied bis zur Kette der Vollendung.

Endlich öffnete er die Augen und sah auf den Krieger, der noch immer, der Befehle harrend, vor dem Gebieter stand.

„Es ist gut, Blitzauge!" sagte der Häuptling in den tiefen Kehllauten seiner Sprache. „Der Sagamore freut sich über die Klugheit des jungen Kriegers, der zum ersten Mal den Blutpfad betritt. Die Squaws werden ihm der= einst zujubeln und er wird stolz sein dürfen auf die Thaten, die er gethan!"

Die „Schleichende Katze" wandte sich und ging mit unhörbaren Schritten über den vom Nachttau perlenden Rasen dem Lager zu. Ein kurzer Ruf, und die Rothäute saßen im Sattel. Ein paar Krieger stießen die Feuer aus= einander, verwischten die meisten der Spuren und folgten dann den voraufreitenden Kameraden.

Langsam ging der Zug vorwärts; man wollte den vorauseilenden Spähern Zeit lassen, die Gegend zu son= dieren, durch welche die „Schleichende Katze" zu ziehen beabsichtigte.

Immer heller wurde es, immer mannigfacher ertönte der Gesang aus Vogelkehlen und dann stieg die Sonne majestätisch über den Horizont empor und vergoldete die Spitzen der Bäume und die Berge und die Kuppen des Felsenlandes.

Da ertönten zwei Schüsse vor den noch immer lang= sam dahinziehenden Indianern und mit dem letzten peitschen= artigen Knall riß die „Schleichende Katze" das Roß zurück, daß es entsetzt aufbäumte.

Der Häuptling wußte sofort, aus wessen Lauf die nie fehlende Kugel gekommen und sein Herz erbebte. Jahre waren verflossen, seitdem er diese merkwürdigen Büchsen= schüsse nicht mehr gehört und wenn heute nach langer, langer Zeit der wohlbekannte Laut sein Ohr berührte, so erweckte er unliebsame, böse Erinnerungen. Jenes Bleich= gesicht, ein Freund der Schwarzfüße, hatte es gewagt, den Vater Wanitoas vom Marterpfahl zu erretten und dadurch unauslöschliche Schande auf den Stamm der Krähen zu wälzen, die es nicht verstanden, Gefangene zu sichern. Wanitoas Vater weilte bereits in den ewigen Jagdgründen und an ihm ließ sich der Racheschwur nicht mehr voll= führen, aber an seinem Sohne und an jenem verhaßten Bleichgesicht.

„Jonas!" rief der Häuptling und „Jonas!" ertönte es von allen Lippen. Die älteren Krieger kannten den ge= fürchteten Prairiejäger und die jüngeren mußten den Namen aus den Erzählungen der Väter. Für alle war das Bleich= gesicht eine gespenstige und verhaßte Erscheinung. „Blitzauge", der die Ehre genoß, an der Seite des Führers zu reiten, griff unwillkürlich nach dem Skalpiermesser, als gelte es, dem Gefürchteten schon jetzt den blanken Stahl in die Brust zu bohren.

Ein Läufer erschien und verkündete die Nähe eines Bleichgesichtes, aber auch den Tod eines der Krieger. Die Nachricht wurde zwar schweigend aufgenommen, weil der Häuptling jede laute Gefühlsäußerung untersagt hatte, aber die wutfunkelnden Augen der Männer bewiesen zur Ge= nüge, welcher Haß gegen den Mörder einer der Ihrigen in ihren Herzen aufflammte.

Mit äußerster Vorsicht bewegte sich jetzt der Zug vorwärts; denn noch war man ja nicht klar über die Stärke der Feinde. Möglichenfalls hatte man es mit einer Uebermacht zu thun und dann war eine Flucht nicht ausgeschlossen. Der Häuptling entsandte nach links und rechts einige Krieger, alte erfahrene Leute, auf deren Klugheit er sich verlassen konnte.

So erreichte man den teilweise mit Rohr bewachsenen Bibersee, an welchem Jonas und Coll ihre Fallen gestellt und hier erst fanden die Krähen heraus, daß sie es nur mit zwei Bleichgesichtern zu thun hatten.

Mittlerweile überbrachten auch Läufer die Nachricht, daß weiter im Westen der Schlupfwinkel der Weißen entdeckt sei, daß man aber diese selbst nicht aufgespürt.

Bald hielt der Trupp vor dem Dickicht. Zehn, zwanzig Krähen, darunter auch der Häuptling, sprangen sofort aus dem Sattel und untersuchten das Geheimnis des Postoaks. Wohl fand man mancherlei Merkzeichen, welche auf die jüngste Anwesenheit der Feinde hindeuteten, aber das war auch alles; der verhaßte Jonas und der Schwarzfußhäuptling hatten sich durch die Flucht der ihnen drohenden Gefahr entzogen.

Jetzt brauste der Zug in Eile dahin, an der Spitze die „Schleichende Katze", die sich innerlich Vorwürfe machte über die Saumseligkeit des Vormarsches. Aber noch ließ sich das Versäumte nachholen; noch konnten die Flüchtlinge nicht so weit entfernt sein.

Da erreichte man felsiges Gestein und nun wurde Halt gemacht. Die Vornehmsten der Krähen saßen ab und untersuchten den Boden nach rechts und links aber keine Spur zeigte sich. Schon gab die „Schleichende Katze" den Befehl die südliche Richtung einzuschlagen, da vernahm man von Norden her einen gellenden Schrei und bald darauf den Knall eines Gewehrs.

Viertes Kapitel.

Auf Tod und Leben.

Manitoa war ein vorzüglicher Läufer. Wie ein Vogel flog er über den Rasenteppich dahin, der Stelle zu, an welcher er zuletzt den Feind bemerkte.

Dieser hatte den gefährlichen Gegner sofort wahr= genommen und auch zugleich den Ort herausgefunden, der ihm Schutz und Aussicht auf Sieg versprach. Er schmiegte sich hinter zwei dichtstehende mit Schlingpflanzen umsponnene Bäume, riß sein Messer aus dem Gürtel und erwartete so den Schwarzfuß.

Wanitoa lief in seiner Hast an dem Versteck vorbei, stutzte dann und wollte umkehren. Diesen Moment benutzte die Krähe, sprang blitzschnell herzu und stieß das Messer nach der Brust des Feindes. Mochte nun die Hand des Indianers unsicher gewesen sein, genug, der Stoß ging fehl; die Waffe glitt an dem breiten Pulverhorn ab und ritzte nur unbedeutend die linke Seite des Häuptlings.

Die Krähe, ihr Mißgeschick sofort einsehend, sprang zurück, aber Wanitoa war schneller. Mit sicherer Hand senkte er den Stahl in die Brust des Feindes, der einen gellenden Schrei ausstieß und schwer zu Boden fiel.

Einen Moment setzte der Sieger stolz seinen Fuß auf den leblosen Körper, dann blitzte noch einmal das Messer im funkelnden Sonnenstrahl. Ein Kreisschnitt um das Haupt des Feindes, ein Ruck von kräftiger Faust und der Skalp, die Siegestrophäe, prangte am Gürtel des Häuptlings.

Die erschrockenen Sänger des Waldes verstummten ob solcher Gräuelthat; nur der Spottvogel versuchte den gel= lenden Schrei und das Todesröcheln des unglücklichen Krähen= indianers nachzuahmen.

Da tauchte ein berittener Feind auf. Er hatte aus der Ferne den schrecklichen Vorgang mit angesehen und kam nun, den Tod des Kameraden zu rächen. Aber auch er

2*

lief in sein Verderben. Coll stand mit der Büchse im Anschlag, ließ den Reiter auf fünfzig Schritte herankommen und jagte ihm die sichere Kugel mitten in die Brust. Der junge Mann hätte gerne das Pferd eingefangen, aber Jonas laut herüberschallende Stimme mahnte zur Eile.

Coll lud schnell sein Gewehr und eilte zurück. Wanitoa folgte, doch vergaß er nicht, die Kopfhaut des zweiten Feindes mitzunehmen.

„Aber zum Teufel, wo bleibt Ihr denn so lange?" schalt Jonas. „Der Wald wimmelt von Feinden und Ihr lauft in aller Gemütsruhe umher, ohne an die Folgen zu denken. Vorwärts zu Pferde und dann hinweg von einem Orte, an dem es unheimlich zu werden anfängt!"

Mit verhängten Zügeln jagten die Freunde dahin. Die Gegend wechselte mit jeder Minute. Bald zeigte sich hoher Baumwuchs mit oder ohne Unterholz, bald gab es Porphyrgerölle oder Sand zu überwinden, bald — und solche Stellen waren besonders gefährlich zu passiren — galt es quellige Niederungen zu durchqueren, in denen die Pferde nur mühsam fortkamen. — Auch das dornige Gestrüpp auf den Bergebenen bildete Hindernisse und mußte umritten werden. Diese Dickichte sind, nebenbei bemerkt, die Schlupf= winkel der Klapperschlangen und Prairiewölfe und schon deshalb wenig anheimelnd.

Gegen Mittag erreichten die drei Freunde — zu diesen dürfen wir nunmehr auch den Schwarzfußindianer rechnen — auf einer Bergeshalde ein prächtiges, dicht belaubtes Plätzchen und hier beschlossen die Reiter zu rasten. Von den Feinden hatten sie nichts mehr gehört und gesehen und doch — das stand so fest wie das Amen in der Kirche — und doch folgten sie ihren Fährten, wie der Jagdhund den Schweiß= spuren des waidwunden Hasen. An eine dauernde Ruhe war also vorläufig nicht zu denken.

In Eile wurde das Mittagsmahl eingenommen, Büffel= fleisch und Schiffszwieback, von welchem Gebäck Jonas noch einige Stück mit sich führte. Die Pferde fraßen das kurze frische Gras, welches hier oben in Menge wuchs, mit einer

Eilfertigkeit, als wüßten sie, daß ihnen nicht viel Zeit zur Sättigung übrig blieb.

Wanitoa saß einer Bildsäule gleich auf einem großen Stein. Rachegedanken schienen ihn zu beherrschen; denn seine Augen leuchteten bisweilen auf in verzehrender Glut. Coll beschäftigte sich mit seinen Waffen, Jonas aber lag auf dem blumenreichen Naturteppich und rauchte in aller Gemütsruhe seine Pfeife.

Hoher Wald zog sich bis zu dem Hügel heran, auf dem die Freunde lagerten. Zwar zeigten sich im Norden und Süden einige Blößen, aber solche Stellen nahmen sich, von oben aus gesehen, wie kleine Punkte aus. Oestlich, über die Baumgipfel weg, erblickte man die Prairie; auf ihr glitzerte und blitzte es, als sei sie mit Brillanten bestreut.

Eben öffnete Jonas den Mund, um zum Aufbruch zu mahnen, da erhob sich im Westen, nach dem Gebirge zu, ein wildes Kriegsgeschrei. Nackte braune Gestalten erhoben sich zwischen den Gebüschen und Felsengerölle und stürzten sich auf die Jäger.

„Hölle und Teufel, das sind Schlangenindianer!" rief Jonas, ließ seine Pfeife fallen und griff nach seiner Büchse. „Drauf Coll, das Otterngezücht ist feige und flieht, wenn man ihm die Zähne zeigt!"

Der junge Trapper war bereits im Kampfe mit zwei Rothäuten. Blitzschnell hob er seine Büchse. Zweimal knallte es und jedesmal stürzte einer der Feinde mit zerschmettertem Hirn zur Erde. Hierauf kehrte der von der Natur mit außerordentlichen Kräften begabte Coll sein Gewehr um und schlug unter die laut aufheulenden Indianer.

Auch Wanitoa blieb nicht müßig, sein Tomahawk zerschmetterte dem einen Feinde den Schädel und schlug einem zweiten den Brustkasten ein. Der Kampf mit dem Häuptling, der sich ihm entgegenstellte, schwankte lange hin und her, und hätte nicht Coll im richtigen Augenblick den riesigen Schlangenindianer durch einen Revolverschuß unschädlich gemacht, so hätte Wanitoa möglichenfalls den Kürzeren gezogen.

„Verzeih’, Rothaut, wenn ich Dir zu Hülfe kam“, sagte Coll, „aber es ist Zeit, daß wir mit den Schurken fertig werden. Da drüben erscheinen die Kräheninbianer. Noch einige Schüsse unter das Geschmeiß und dann schnell zu Pferde!“

Die Schlangen, durch den Verlust ihres Häuptlings bestürzt, flohen und verschwanden zwischen den Felsen, die hier unzählige Risse, Schluchten und Abgründe bildeten.

Es war auch wirklich die höchste Zeit, daß der Kampf beendet war; denn von Süden und Osten her stürmten die trefflich berittenen Krähen heran. Ihr Jubelgeschrei erfüllte die Luft und einige von ihnen feuerten bereits triumphierend ihre Büchsen in die Luft, meinend, diesmal könnten ihnen die verhaßten Feinde nicht entgehen.

Allen voran, auf einem feurigen Rapphengste, sprengte die „Schleichende Katze“. Die Augen des Mannes leuchteten in verzehrender Glut und die langen, kohlschwarzen Haare umflatterten den nackten, von jeder schützenden Hülle befreiten Körper. Jetzt war der Augenblick hereingebrochen, nach dem er sich gesehnt seit Tagen, seit Monaten, und der ihm seine grimmigsten Feinde in seine Hände lieferte. Ein Indianerherz ist keiner milden Regungen fähig, wenn es sich beleidigt fühlt.

„Zurück, Du Stinktier!“ schrie ihm Jonas, jede Vorsicht vergessend, entgegen. „Ich will Dich nicht töten, trotzdem ich es könnte — ich will Dich nur zeichnen für ewige Zeiten!“

Seine Büchse krachte.

Wohl bückte sich die „Schleichende Katze“ hinter den Hals des Pferdes, aber zu spät — die sichere Kugel zerschmetterte seinen rechten Arm. Der Häuptling stieß einen Schrei der Wut aus; dann riß er mit der Linken die Büchse empor, die den erstarrten Fingern entgleiten wollte, und trieb sein Pferd zur rasenden Eile an.

Was fragte er in diesem Augenblicke nach der schmerzenden Wunde, wenn er nur seinen Racheburst zu befriedigen vermochte. Das Blaßgesicht mußte er lebendig haben, und dann sollte es gemartert werden mit allen nur erdenkbaren Qualen.

Die Pferde der Krähen keuchten vor Anstrengung, denn der Berg, den es zu erstürmen galt, war gerade im Süden steil und buschreich. Blitzauge fiel aus dem Sattel und rollte mitten in ein Dorngestrüpp. Zwar raffte er sich sofort auf und befreite sich von den ihn umschlingenden Zweigen, aber Gesicht, Arme und Leib waren arg zerrissen und überall tropfte das Blut aus vielen Wunden.

Ein wilder Fluch entfuhr dem Munde des Häuptlings, als er die Kuppe des Berges erreichte, aber die Feinde nicht vorfand. Da unten jagten die drei Männer über die baumlose Ebene wie auf Windesflügeln und das Hohnlachen, welches der Schwarzfuß ausstieß und welches deutlich herüberschallte, klang so tötlich beleidigend.

Aber waren das nicht seine Leute, welche die Flüchtlinge verfolgten? Ein Triumphgeschrei entquoll dem Munde des Häuptlings, dann sprengte er auf seinem laut wiehernden Rappen den weniger steilen Nordabhang hinab und schloß sich, gefolgt von den übrigen Kriegern seines Stammes, der wilden Jagd an.

Die Gegend eignete sich vorzüglich zu einem Wettlauf. Links stieg fast unmittelbar aus der Prairie das Felsengebirge auf und nach Norden und Nordosten zog sich eine jener unermeßlichen Ebenen hin, die in Nordamerika so oft vorkommen und die, soweit das Auge reicht, einen einzigen großen Blumenteppich vorstellen. Alle Farben sind hier vertreten: Das Scharlach der Malve, das Purpur der Monarde, das Silber der Euphorbie, das Orange der Asklepie und das Rosenroth der Cleome. Lieblicher Blütenduft durchweht die Luft, Millionen von buntbeflügelten Insekten flattern von Blume zu Blume und es scheint, aus der Ferne gesehen, als befinde sich die Pflanzendecke in steter Bewegung.

Jones, Coll und Wanitoa flogen förmlich über die Ebene dahin, aber auf die Dauer hielten ihre Pferde den Ritt auf Tod und Leben nicht aus; schon jetzt näherten sich acht bis zehn der Feinde mehr und mehr und wie lange noch, dann trat die Katastrophe ein, d. h. der letzte entscheidende Kampf Mann gegen Mann.

Jones warf besorgte Blicke hinter sich. Mehrere Male griff er nach der Büchse, die vor ihm auf dem Sattel lag, aber noch schien der Augenblick des Handelns nicht gekommen.

Coll's Pferd, ein prächtiger Wallach, zeigte noch keine Ermüdung, aber Wanitoa's Fuchs ermattete mehr und mehr und über kurz oder lang mußte er den Dienst versagen.

Jones bemerkte das wohl und bog nach links hinüber, um in der Nähe der Felsen zu bleiben.

„Erreichen wir den Wald dort vor uns, dann sind wir gerettet!" sagte er laut. „Ich kenne einen Schlupfort, der uns Sicherheit gewährt."

Die letzten Worte kamen langsam und zögernd über seine Lippen und ein Seufzer hob seine Brust.

„Mein Bruder meint die Adlerplatte!" versetzte Wanitoa und sein Blick flog nach links hinüber, wo sich Bergkette an Bergkette schloß in unabsehbarer Reihenfolge.

„Ja, Häuptling!" fuhr Jones ernst fort. „Der Ort ist leicht zu verteidigen, aber —"

„Aber?" fiel Coll ein.

„Aber der Platz hat nur einen Aufstieg und diesen Aufstieg werden die Feinde besetzen. Ein Zurück für uns giebt es nicht, denn jenseits, nach Westen zu, befindet sich ein schauriger Abgrund, den bis jetzt noch keines Menschen Fuß überschritten hat. Und doch werden wir die Adler= platte aufsuchen müssen; Wanitoa's Pferd bricht bald zu= sammen!"

„Und was machen wir mit unseren Tieren, Alter?" forschte Coll.

„Die müssen wir zurücklassen, mein Junge", versetzte Jonas wehmütig. „Nimm nur jetzt schon Abschied von Deinem Wallach, der sich so brav gehalten hat. Gott wird uns weiter helfen, wenn es sein Wille ist, daß wir den Feinden entrinnen sollen. — Alle Teufel, da ist die erste neugierige Rothaut!"

Coll riß sein Pferd herum und hob die Büchse.
Einer der Krähenindianer hatte sich in bedenklicher Weise
genähert.

Mit dem Schuß stürzte auch der Feind aus dem
Sattel. Das erschrockene Pferd machte Kehrt und sprengte
den Weg zurück, den es soeben gekommen war.

„Schade um das Tier", meinte Jonas. „Das hätten
wir brauchen können. Uebrigens hast Du einen vorzüg=
lichen Schuß abgegeben, Coll! Höre nur, wie die Kerle
heulen. Hoffentlich werden sie uns jetzt so viel Zeit ge=
statten, daß wir die Adlerplatte erreichen, wenn —"

Er brach erschrocken ab, denn Wanitoa's Pferd brach
zusammen. Der Häuptling schien den Moment erwartet
zu haben, denn er sprang leicht auf die Erde. Blitzschnell
riß er sein Messer aus dem Gürtel, durchschnitt den Riemen,
der die Provianttasche mit dem Sattel verband und raffte
dann seine Büchse auf.

„Schnell auf mein Pferd!" rief Coll.

Mit einem mächtigen Satz saß der Häuptling hinter
dem jungen Trapper im Sattel.

Der Wallach wieherte laut. Die Doppellast schien ihm
nicht zu behagen, aber doch lief er in ungeschwächter Eile.

Ein vielstimmiges Freudengeschrei bewies, daß die
Krähen den Vorgang beobachtet hatten.

„Ja, heult nur, Ihr Schufte!" rief Jonas ergrimmt.
„Bis jetzt habt Ihr uns noch nicht. Einige tausend Schritte
weiter und wir sind aus Eurem Bereich. — Coll, nimm
alle wertvollen Sachen zu Dir; vergiß den Lasso nicht und
das Büffelfleisch!"

In doppelter Eile ging es weiter. Der Wald, von
dem Jonas gesprochen, trat mehr und mehr hervor und
bald mußte er erreicht sein. — Ein Trupp der Feinde —
die besten Reiter waren darunter — sonderte sich von dem
Trupp ab und zog in östlichem Bogen über die Prairie.
An der Spitze ritt die „Schleichende Katze"; man erkannte
den Häuptling an dem schwarzen Pferde und dem wallenden
Kopfschmuck.

„Sie wollen uns den Weg abschneiden!" sagte Jonas. „Erreichen die Schufte vor uns den Aufstieg zur Platte, so sind wir verloren. Vorwärts, Coll, jetzt was die Pferde laufen können!"

Kopf an Kopf stürmten die Thiere dahin. Der Schaum flog in Flocken von ihren Flanken und der Atem fuhr keuchend aus den weit geöffneten Nüstern. Sie schienen die Gefahr zu ahnen und strengten ihre Kräfte bis zum Aeußersten an.

Da war der Wald erreicht, aber auch der Vortrab der Krähen tauchte etwas östlicher in das geheimnißvolle Baumdunkel.

„Links hinüber!" donnerte Jonas. „So ist es richtig. Dort wo die Felsentürme nebeneinander stehen; zwischen ihnen liegt der Aufgang! — Gott sei Dank, da sind wir! — Häuptling, vergiß die Lasso nicht! — Coll, das Fleisch. — Alle Wetter, da sind die Schurken schon!"

Er hob blitzschnell sein Gewehr. Der vorderste Feind stürzte mit dem Knall aus dem Sattel, aber über seine Leiche hinweg stürmten die „Schleichende Katze" und sechs bis acht seiner Leute.

Fünftes Kapitel.

Die Goldsucher.

Montana, in dessen südlichem Teile unsere Geschichte spielt, ist reich an Wald und Wild, aber auch reich an Gold- und Silberlagern. — Erstere finden sich namentlich in den Gebieten des Hellgate- und Jefferson-River, doch sind fast auf allen Teilen der Plateaus zwischen der mittleren und östlichen Kette des Felsengebirges Edelmetalle ge-

funden worden. — Die weißen Ansiedler erschienen erst
nach der Entdeckung der Goldlager in Montana, doch schei=
terte die Besiedelung des Territoriums an der steten Feind=
seligkeit der Indianer, und diese Feindschaft der Rothäute
hat sich selbst bis in die Neuzeit hinein nicht verloren.

Durch die Prairie zwischen den schwarzen Bergen
und dem Big Horn Mountains bewegten sich schwerfällig
zwei große mit wasserdichter Leinewand überspannte Wagen.
Jedes Gefährt wurde von acht Maultieren gezogen. Auf
dem Vordersitz saß je ein Kutscher, breite behäbige Gestalten,
welche sich behaglich zurücklehnten unter das schattige Vordach
und welche es meisterhaft verstanden, die zuweilen wider=
spenstigen Zugtiere in Ordnung zu halten. — Zu jedem
Wagen gehörten je sechs bis an die Zähne bewaffnete Reiter,
denen der Mut und das Selbstvertrauen aus den Augen
leuchteten und die es durchaus nicht scheuten, einen Kampf
mit den gefürchteten Rothäuten aufzunehmen.

Nur äußerst langsam bewegten sich die Wagen vor=
wärts. Der Boden war quellig und da und dort sprudelte
das Wasser aus der Erde hervor.

Die Reiter sahen einen Augenblick zu, dann sprangen
sie von ihren Pferden und legten kräftig Hand an, um die
tief eingesunkenen Fuhrwerke auf das Trockene zu bringen.

Nur einer der Reiter, eine vornehme Erscheinung, mit
dunklen Kopf= und Barthaaren, blieb im Sattel. Er zog
aus einer der Taschen, womit sein treffliches Roß beschwert war,
eine Zigarre und zündete sie sich in aller Gemütsruhe an.

Der Mann war der Besitzer der Wagen und Maul=
tiere und kam aus dem Osten nach den Felsengebirgen, um
hier Gold zu suchen.

Werners Eltern stammten aus Deutschland. Sie hatten
ihrem Sohne Karl bei ihrem Tode ein bedeutendes Ver=
mögen hinterlassen, doch der junge Mann, ein zwar braver
aber leichtsinniger Mensch, verjubelte das Geld im Kreise
lustiger Freunde und erwachte erst aus seinem wilden,
wüsten Taumel, als er den letzten Griff in den ehemals
so vollen Goldsack that.

Kurz entschlossen verabschiedete er die verdußten Freunde, verkaufte sein prächtiges Haus und den großen Park dazu und erwarb aus dem nicht unbedeutenden Erlös Wagen, Pferde und Waffen, kurz alles, was zu einer weiten, durch unwirtbare Gegenden führenden Reise erforderlich war. Hierauf mietete er zwei Wagenmeister, zwölf mutige Männer als Diener, den alten Waldläufer und Prairiejäger Brandes als Führer — und zog hinaus in die Wildnis. Als Ziel seiner Fahrt bestimmte er das goldverheißende Montana.

Unter mancherlei Gefahren, von denen man nicht verschont blieb, zog die Karawane durch Jowa, Nebraska, passierte die schwarzen Berge und erreichte die meilenlange Prairie, welche sich östlich von den Felsengebirgen erstreckt und welche als Jagdstraße der Indianer betrachtet werden kann.

Bis jetzt hatte keine feindliche Rothaut die Fahrt gehemmt. Verschiedene Male waren zwar Delawaren und Pawnees in das Lager gekommen, aber einige wenige Geschenke reichten hin, den Zorn der roten Männer zu besänftigen und den Frieden zu sichern.

Karl Werner fürchtete durchaus nicht die Gefahren der Wildnis. Er war ein tüchtiger Reiter, ein vorzüglicher Schütze und besaß eine durch nichts zu erschütternde Ruhe, — und diese Tugenden erwarben ihm die Achtung und Liebe des alten Brandes und der übrigen Gefährten.

Heute war der Trapper vorausgeritten dem Walde zu, der sich im Westen vorschob. Er wollte nicht „Fleisch" schießen, wie er beim Abgange erklärt, sondern er wollte Ausschau halten nach den Kräheninbianern, welche er besonders fürchtete wegen ihres feindlichen Charakters und ihrer Arglist. —

Endlich hatte man die beiden Wagen flott gemacht. Einer der Reiter, ein langhaariger Bursche von achtzehn Jahren, namens Harry — seinen Familiennamen kannte er merkwürdigerweise selbst nicht — schalt den ersten Wagenführer aus:

„Weiß wirklich nicht, Bob, wo bei Dir die Augen stecken? Ein wahres Glück, daß wir augenblicklich allein

sind auf der Prairie und keine Indianer zu befürchten
haben; aber ein anderes Mal paßt es vielleicht nicht so
gut, wenn wir im Sumpfe festsitzen. Ich denke, Du steckst
Dir ein paar Brillen auf, damit Du siehst, wo Du hinfährst!"

Der mit Bob Angeredete, eine hagere, sehnige Gestalt
mit einem breiten Schlapphut, warf einen Blick unaus=
sprechlicher Verachtung auf den „Jungen", wie er Harry
zu nennen pflegte, doch schwieg er und knallte nur mit seiner
Riesenpeitsche.

„Recht hast Du, Harry!" begann einer von den Männern. „Die Prairie ist groß genug und besitzt so vie
prächtigen, harten Boden, daß es wahrlich ein Kunststück
ist, in quelliges Land zu fahren. Jetzt heißt es überhaupt
Augen und Ohren offen haben, sonst sitzen wir im Unglück
drin und sind unrettbar verloren. — Alle Wetter, dort
drüben weidet eine Herde Büffel! Was meinen Sie, Herr
Werner, wenn wir Jagd auf das Viehzeug machten! An
Fleisch fehlt's uns alleweile und so ein paar saftige Büffel=
rippen sind stets angenehm."

Werner blickte nach der angedeuteten Richtung hinüber,
blies den Rauch seiner Cigarre in die Luft und sagte:

„Ich werde mitreiten. Vier Mann genügen voll=
kommen. Booth und Willems mögen das Wild von der
rechten Seite nehmen, Harry und ich wollen in die linke
Flanke kommen. Ihr andern paßt mir nach den Wagen
auf und haltet mir ja das Gesindel fern, an welchem
selbst die monotone Prairie so reich ist. Und nun vorwärts!"

Er flog auf seinem ausgezeichneten Pferde über die
Ebene und ließ Harry, der ihm zu folgen suchte, weit
hinter sich.

Anfänglich äf'ten die Büffel — es mochten fünfzehn
bis zwanzig Stück sein — ruhig weiter, doch plötzlich hoben
sie die struppigen Köpfe, brummten leise vor sich hin und
galoppierten dann ganz gemächlich, als sei die Gefahr für
sie gar nicht so groß, nach Norden.

„Vorwärts!" feuerte Werner sein Pferd an und seine
Augen glänzten vor Jagdeifer.

Rechts zog sich ein Hundedorf hin. Fast unübersehbar stieg Hügel nach Hügel aus der Ebene empor und hunderte der wunderlichen Geschöpfe, die der Trapper mit dem Namen petit chien bezeichnet, saßen vor den Wohnungen oder balgten sich lustig umher. — Die Büffel, das gefährliche Terrain zwischen der Hügelstadt sehr wohl erkennend, bogen nach links hinüber und dadurch kam ihnen Werner vor. Seine gellenden Rufe bewirkten, daß die erschreckten Tiere Kehrt machten und mit lautem Gebrüll über die Ebene zurückrannten.

Soeben hob Werner seine elegante Doppelbüchse, um den ersten Schuß abzugeben; da tauchten neben ihm aus einer tiefen Bodensenkung die Köpfe zweier Indianer auf. Fast in demselben Moment schwirrte eine Bogensehne, ein Pfeil fuhr hart an dem Kopfe des jungen Mannes vorüber und blieb zitternd in dem Stamm einer verkrüppelten Pappel sitzen.

„Ah Teufel, ist es so gemeint?" rief Werner, riß sein Pferd herum und sprengte den Weg zurück, den er soeben gekommen. Aber nichts regte und rührte sich in der Erdvertiefung, nur die Blätter eines Busches bewegten sich wie vom Winde bewegt.

Schon hob der junge Mann die Büchse, um eine Kugel zwischen die Zweige zu jagen, aber da fielen ihm Brandes Worte ein, jeden unnützen und möglicher Weise folgenschweren Kampf mit den Rothäuten zu vermeiden. Er ritt deshalb zu der Pappel, zog den Pfeil heraus und jagte dann hinter den Büffeln her.

Booth und Willms waren unterdessen nicht müßig gewesen.

Ihre Büchsen krachten und auch Harry, der mitten unter die zottigen Tiere geriet, schoß nach rechts und links und hatte das Glück, den Leitstier zu Falle zu bringen.

Werner kam gerade zur rechten Zeit, um in den Kampf mit eingreifen zu können. Die Büffel stöhnten vor Wut, aber dann rasten sie über die Ebenen, vier tote und sterbende Kameraden zurücklassend.

„Hierher!" schrie Werner dem jagdlustigen Booth zu, der den fliehenden Tieren folgen wollte. „Da drüben in der Vertiefung liegen Indianer!"

Das war ein Zauberwort selbst für den kühnsten Prairiemann und that auch hier seine Wirkung.

„Und nun schneidet schnell ein paar Pfund Fleisch von den Tieren herunter und dann wollen wir machen, daß wir zu unseren Wagen kommen!" sagte er.

Die drei Männer folgten der erhaltenen Weisung, lösten die Höcker heraus, schnitten eine Hinterkeule ab und verließen dann von ihrem Herrn begleitet den unheimlichen Platz.

Werner behielt die Schlucht im Auge, aber auch jetzt rührte und regte sich nichts Verdächtiges; auch als sie die Stelle weit hinter sich hatten, zeigte sich kein lebendes Wesen. Die Indianer mußten die Gegend verlassen haben.

Erst eine Stunde später erreichten die vier Jäger die Wagen und gaben hier die Abenteuer zum besten.

Brandes, der erst nach längerer Zeit die Geschichte er= fuhr, schüttelte den Kopf und meinte, nachdem er den Pfeil ganz genau untersucht hatte:

„Die Waffe gehört einem Kräheninbianer, das steht nun schon einmal fest, aber was thun die Kerle unbe= ritten in der Schlucht? Möglich, daß das Hauptkorps in der Ferne weilte, aber dann ist mir der Schuß der Rothaut erst recht nicht klar. — Nun, wir sind zum wenigsten gewarnt und können unsere Vorbereitungen treffen. In dieser Nacht haben wir selbstverständlich den Besuch der roten Teufel zu erwarten!"

Die Karawane lagerte heute unter einer Gruppe Tul= penbäume, die wie eine Insel im Meere aus der Prairie emporragten und so dicht standen, daß sie hinreichend Deckung gewährten.

Die Wagen wurden dicht an die Bäume gefahren, und zwar so, daß sie einen stumpfen Winkel bildeten, und in diesen Raum, der noch außerdem durch Pfähle und starke Baumreiser geschützt wurde, brachte man nach der Fütterung

Pferde und Maultiere. Um eine „Stampade" zu verhüten, ließ Werner jedes einzelne Tier an den Vorderfüßen fesseln.

„So," sagte der alte Brandes vergnügt, „nun mögen die Kerle kommen; wir werden sie in gebührender Weise empfangen!"

Der Abend verlief ohne jede Störung, und auch die Stunden bis Mitternacht zeichneten sich durch nichts Besonderes aus. Der Mond schien klar und ein leichter Wind spielte mit dem stellenweise hohen Büffelgras, sonst lagerte Ruhe und Frieden auf der Prairie, selbst die sonst so regen Wölfe verhielten sich schweigsam.

„Das eben ist kein gutes Zeichen!" sagte Brandes leise zu Werner, mit dem er nach Mitternacht die Wache bezog. „Es wäre mir lieber, das Viehzeug heulte zum Gotterbarmen, dann wüßte man doch, daß die Ebene rein ist. Die Rothäute sind bereits auf dem Wege hierher und können jeden Augenblick eintreffen. Ah, sehen Sie einmal nach links hinüber, das hohe Prairiegras dort bewegt sich bei dem schwachen Winde stärker als es soll. Ich will die Leute wecken!"

Er ließ das Zirpen einer Grille hören, das Zeichen für die Wachtposten im Norden, Westen und Süden des Haines, daß sie auf der Hut sein sollten, dann kroch er nach der Lagerstätte, wo er die meisten der Leute bereits munter fand. Das Ungewisse und Ängstliche der Lage hatte den Schlaf aus den Augen wieder verscheucht. In wenigen Sekunden lag ein jeder auf seinem Posten.

Werner hatte am Abend Rehposten und gehacktes Blei unter die Leute verteilen lassen, eine weise Einrichtung, die sich hinterher als ganz vorzüglich herausstellte.

Die Maultiere wurden unruhig. Sie witterten bereits die Nähe der Feinde und stampften mit den ungefesselten Hinterbeinen ungeduldig den Boden.

„Da haben wir die roten Hunde!" flüsterte Brandes Werner zu. „Sehen Sie die langen dunkeln Körper, die wie Schatten aussehen und sich nur wenig von der Fläche abheben? Die Kerle schleichen wie die Katzen heran und es ist zehn gegen eins zu wetten, daß unser Lagerplatz auf allen Seiten von dem Geschmeiß umgeben ist!"

„Soll ich schießen, Brandes?" gab Werner ebenso leise zurück.

„Noch rate ich nicht dazu, Herr!" flüsterte der alte Waldläufer. „Die Entfernung für unsere Bleiladungen ist noch zu groß, und übrigens haben wir diesmal nicht viel zu befürchten. Passen Sie auf, wie entsetzt die Kerle davonlaufen werden, wenn sie unsere Rehposten fühlen!"

Immer näher und näher rückten die dunklen Streifen, da plötzlich wieherte eines der Pferde zwischen den Wagen und dieser Ton war kaum verhallt, da erscholl rings um die Baumgruppe her ein ohrbetäubendes Geheul und dann erhoben sich schwarze Gestalten und stürzten sich auf das Lager.

Sechstes Kapitel.

Auf der Adlerplatte.

Schnell, um Gotteswillen, schnell!" schrie Jonas den Freunden zu, „oder wir sind verloren!"

Einer der Krähen, ein riesenstarker Krieger, packte den alten Waldläufer und riß ihn zurück, aber Colls Messer fuhr dem wütigen Indianer in die Brust und streckte ihn zu Boden.

„Verdammtes Otterngezücht!" wetterte der ergrimmte Jonas, der trotz der drohenden Gefahr, in welcher er geschwebt, seine Kaltblütigkeit nicht verlor. „Verdammtes Otterngezücht, das sollt Ihr mir büßen!"

Er kehrte sein Gewehr um und zerschmetterte dem nächsten Angreifer die Hirnschale. Coll feuerte Schuß nach

Schuß aus seinem Revolver und da erst zogen sich die Feinde zurück; selbst die Schleichende Katze fühlte das Gefährliche eines neuen Angriffs und trat unter die schützenden Bäume.

Die bisherige Aufregung hatte den Schmerz der Wunde betäubt, aber jetzt machte die Natur ihr Recht geltend: Von Blutverlust erschöpft sank er auf den weichen Waldboden und ein lautes Stöhnen entquoll dem Munde.

In banger Sorge umstanden ihn die Vornehmsten seiner Krieger. Viele bemerkten erst jetzt den zerschmetterten Arm ihres Anführers; aber statt dem Verwundeten beizuspringen und ihm Hülfe angedeihen zu lassen, suchten sie die Frage zu lösen, wer von den drei Feinden wohl der mutmaßliche Attentäter gewesen sei. Erst später betteten sie den Häuptling im Schutze einer Felsengruppe auf ein weiches Mooslager.

Mittlerweile stiegen unsere Freunde den Berg hinauf, aber der Weg war äußerst mühsam und stellenweise sogar recht gefährlich. Oft ging es an schwindelerregenden Abgründen vorbei und dann mußten scharfkantige Felsenquadern überklettert werden, die bisweilen so ungünstig übereinanderlagerten, daß ihre Fugen nur wenig Raum für Hand und Fuß darboten. Jeder Fehltritt mußte verhängnisvoll werden und mit einem Sturz in die Tiefe enden.

Endlich, endlich erreichten die drei Männer den Kamm des Gebirges und nun erst konnten sie sich als gerettet betrachten.

Coll warf neugierige Blicke um sich, aber was er da sah, war wenig erfreulich. Im Norden und im Westen setzten sich die kammartigen Höhenzüge fort, bald zusammenschrumpfend, bald eine schwindelhafte Höhe annehmend, alle aber schroff und unwegsam. Im Westen, hinter dem ziemlich breiten Plateau klaffte ein furchtbarer Abgrund oder besser eine Schlucht, die auf ihrem Grunde wohl Wiesengrün und Waldesdunkel barg, die aber — wie sich der junge Mann sofort überzeugte — jede Flucht über sie hinaus verhinderte.

Nicht anders als des Teufels Weg zur Hölle konnte dieser Schlucht gleichen, die sich hunderte von Fuß in die Tiefe zog und nur hin und wieder einige verkümmerte Föhren beherbergte. Es war, als habe sich hier die Erde aufgethan, um ihre Eingeweide bloszulegen. Kein Laut störte die Einsamkeit da unten und kein Zeichen des Lebens war zu sehen. Und da drüben, jenseits der sehr breiten Schlucht, starrten hohe, rote Granitfelsen herüber, über- und nebeneinander geworfen, als hätten sie Berggeistern zum Spielball gedient.

Das war ein großartiges Felsenbett, aber da hinüber war keine Rettung möglich, ebenso wenig wie über den Gebirgsgrat im Norden und Süden.

Jonas stand, beide Hände auf den Lauf seiner Büchse gestützt, und sah wehmütig auf Coll.

„Ja, ja, mein Junge, hier sind wir abgeschlossen von der Welt, aber es ging nicht anders, wir mußten den letzten Zufluchtsort aufsuchen, um nicht bei lebendigem Leibe skalpiert zu werden. Nun laß es gut sein, Kind, wir müssen in Geduld und Ergebung hinnehmen, was uns der himmlische Vater zuschickt. Es ist Bestimmung, sag' ich, und gegen die müssen selbst eine gute Büchse und ein kräftiger Arm in Rückstand bleiben. Ein paar Tage halten wir es schon aus, und wenn unser Fleischvorrat zu Ende geht, dann trinken wir eben — Wasser!“

„Wasser?“ Coll schüttelte den Kopf.

„Hier oben giebt es doch kein Wasser!“ sagte er mit der Ruhe eines Mannes, der bereits mit dem Leben abgeschlossen. „Ich höre weder das Rieseln einer Quelle, noch das Plätschern fallender Wasser. Aber Föhren stehen genug auf der Westseite des Plateaus, und das ist ein kleiner Trost für mich, der ich das Grün der Wälder liebe.“

„Ja, Kind, wir haben Nadelgrün vollauf, auch Wasser aus einer zwischen Felsengeröll hervorbrechenden Quelle, aber eins fehlt uns: die Fittige eines Adlers, um uns über die böse, böse Schlucht hinwegschwingen zu können!“ versetzte der Alte wehmütig.

3*

Er hätte gerne alles Ungemach des Lebens ertragen, aber der Gedanke an Coll, sein geliebtes Kind, das dem qualvollen Hungertode langsam entgegenging, preßte ihm das Herz zusammen.

Wanitoa schien für die Unterredung der beiden Wald=läufer kein Ohr zu haben. Er stand an dem Ostabhange und blickte in die Weite hinaus. Da unten lag der Wald, in welchem die Feinde hausten, und dahinter in ansehnlicher Ferne erstreckte sich die buntfarbige Prairie. Wie ein einziger großer Teppich in dunklen und hellen Mustern er=schien sie und dann ging sie schließlich über in das Blau des Himmels. Im Südosten lagen auf der unermeßlichen Ebene dunkle, fast schwarze Punkte, das waren Büffel, un=zählige Büffel. Dort gab's Fleisch in Menge und hier oben auf der Adlerplatte wog es nur nach wenigen Pfunden.

Jones und Coll wälzten eine Anzahl Steinplatten herbei und errichteten unmittelbar vor dem Aufstieg einen festen, unübersteiglichen Wall; dann erbauten sie ein Häuschen aus demselben Material zum Schutz gegen Regen und Sturm und als Obdach während der Nacht.

„So, damit wären wir fertig!" sagte Jonas, „und nun wollen wir den Krähen da unten unsere Visitenkarte hinunterschicken."

Er wälzte einen der größeren Felsblöcke auf den öst=lichen Bergesrand, gab ihm einen kräftigen Stoß und ließ ihn hinabfallen. Coll und Wanitoa traten neugierig hinzu.

Mit Donnergetöse sprang der kolossale Stein die Wand hinab, schlug auf einen mächtigen Felsenbauch und sauste in einem gewaltigen Bogen in den von den Feinden be=setzten Wald hinein. Und dann vernahm man Schreckens=rufe von da unten, ein Beweis, daß die „Visitenkarte" die beabsichtigte Wirkung ausgeübt. Fünf, sechs und noch mehr Krieger stürzten aus dem Walde und Blicke der Angst flogen nach der Bergeshöhe hinauf, den Einsturz der Riesen=wand erwartend.

Jonas, dessen Zorn erwachte, riß seine Büchse an die Wange und schoß. Einer der Feinde stürzte, raffte sich dann wieder auf und schleppte sich in das Dickicht.

„Nun, das war eine kleine Abwechselung!" sagte der alte unversöhnliche Mann und lud seine Büchse. „Aber nun wollen wir etwas genießen. Freilich werden die Portionen von jetzt ab klein ausfallen, aber ich meine, ein bischen Hunger kann unsern verwöhnten Magen nichts schaden!"

Er nahm aus seinem Ranzen einen Trinkbecher, ging nach der Südseite hinüber, wo hohes Felsengeröll übereinander lag und kehrte gleich darauf mit dem bis zum Rande gefüllten Gefäß zurück.

Coll sah ihn erstaunt an.

„Ja, ja, Kind, ich sagte Dir ja, daß wir hier Wasser haben würden!" meinte der Alte still vor sich hinlachend. „Dicht unter der letzten Föhre da springt eine Quelle aus dem Gestein, so frisch und klar, daß es eine wahre Lust ist, dem Gebrodel der kleinen Fontaine zuzusehen. Wie das Wasser eigentlich hier oben in die Berge kommt, weiß ich nicht, aber Gott hat es expreß geschickt für alle die, welche das Unglück haben, die Adlerplatte betreten zu müssen. Koste einmal, mein Junge, es ist ein edler, erfrischender Trank, der Dir —"

Er brach plötzlich ab und sah nach dem Himmel empor. Da oben in schwindelnder Höhe kreiste ein mächtiger Vogel, ein weißköpfiger Adler. Majestätisch zog er dahin, tiefer und tiefer senkte er sich, endlich aber schoß er herab und ließ sich kaum zweihundert Schritte von den Freunden entfernt auf einer Kuppe nieder. Jetzt erst bemerkten die Jäger, daß der Raubvogel etwas Totes in seinen Krallen trug; es mußte ein Berghase sein oder ein junges Zicklein, das dem Räuber zum Opfer gefallen.

„Nicht gerührt!" flüsterte der Alte, der mit sichtlichem Interesse allen Bewegungen des Adlers folgte und tief aufatmete, als das Tier hinter einem Vorsprung verschwand.

Erst nach einer halben Stunde erschien der Raubvogel wieder, breitete seine Schwingen aus und flog in schräger Richtung über die Schlucht davon.

„Jenes Tier hat uns Gott geschickt!" sagte der alte Prairiejäger leise vor sich hin. „Wir werden dem Horst früher oder später einen Besuch abstatten müssen, um die Knochen aufzulesen, welche die junge Brut verachtet."

Siebentes Kapitel.

Im Goldthal.

Sechs Tage waren bereits vergangen und noch immer verweilten unsere Freunde auf der luftigen Höhe.

Zweimal hatten die Feinde den Versuch gemacht, den Berg zu besteigen, aber zweimal waren sie mit blutigen Köpfen heimgeschickt worden, und nun rasteten sie da unten, von jedem weiteren Angriff abstehend, im Walde und warteten auf das Ende der Belagerung.

Die Schleichende Katze befand sich in einer steten Aufregung. Die Schmerzen seines zerschmetterten Armes hatten sich nur wenig vermindert seither, aber ein solches Mißgeschick ertrug er mit stoischer Ruhe und trotzigem Gleichmut. Das körperliche Leiden beunruhigte ihn auch sehr wenig, nur der Gedanke daran, daß ihm die verhaßten Feinde entschlüpfen könnten, verursachte ihm unendliche Pein. Die da oben lieferten sich nicht freiwillig aus, auch dann nicht, wenn ihnen der Tod bereits auf der Zunge saß. Sie hungerten schon, das wußte er; denn die wenigen Lebensmittel, welche sie bei sich geführt, mußten, menschlicher Berechnung nach, verzehrt sein, und neue Nahrung gab es da oben nicht — nur Wasser, weiter nichts als Wasser.

In der Nacht, wenn die Krieger schlummerten, stand der Krähenhäuptling am Rande des Waldes und blickte hinauf nach den Bergeshöhen, die ihm seine Opfer vorenthielten. In seinem Innern stürmten die wildesten Gedanken und jagten sich die verwegensten Pläne. Er sann und grübelte, aber so viel er auch nachdachte, ein Mittel gab es nicht, die Adlerplatte ungefährdet zu erreichen und die Feinde gefangen zu nehmen.

Die drei Freunde befanden sich in einer keineswegs beneidenswerten Lage. Das Fleisch war bis auf das letzte Stückchen verzehrt und die Besuche, welche Wanitoa unter unsäglichen Beschwerden dem Adlerhorst abgestattet, fielen überaus dürftig aus. Einmal brachte er das Hinterviertel eines Berghasen, ein andermal die Ueberreste eines Schneehuhns und beim dritten Gange waren die flüggen Vögel auf und davon gezogen, zum besonderen Schmerze Colls, der die Tiere am liebsten verspeist hätte.

Was nun?

Der Indianer sprach wenig. Er saß gewöhnlich auf einem Felsstück und schaute nach der Prairie hinüber, wo es von Wild aller Art wimmelte. Seine Gedanken weilten bei den Seinen. Er sah im Geiste das Heimatsdorf, er sah die heimkehrenden Krieger mit Fleisch beladen und hörte das Jubelgeschrei der Weiber und Kinder. Sie alle waren so froh, so glücklich und er — das Oberhaupt des Stammes — mußte hungern und — sterben.

Jonas lag den ganzen Tag am Rande der Schlucht und starrte die Felsen diesseits und jenseits an. Nichts entging seinem forschenden Blick. Er sah die Risse der Wände, das im Sonnenlicht funkelnde Gestein, selbst die hervorspringenden Wurzeln der spärlich wachsenden Föhren; aber den Weg der Rettung entdeckte er nicht.

Ein neuer Morgen brach an. Coll hatte sein bestimmtes Quantum Wasser zu sich genommen, aber gestärkt fühlte er sich nicht. Der rebellische Magen knurrte und dem jungen sonst so kräftigen Mann wurde übel. Da fiel sein Blick auf einen Baum, der wohl an vierzig Fuß unter seinem Standpunkt im Gestein festgestellt zu sein schien, und plötzlich kam ihm eine Idee. Wie, wenn man mit Hilfe der drei Lasso bis zu jenem Ort gelangen könnte? Möglichenfalls fand sich dort eine Stelle, von der aus sich der Abstieg in das Thal ausführen ließ. Und wenn nicht, dann konnte man sich mit Hilfe der Seile an jener Föhre weiter hinablassen.

Coll sprang nach dem Häuschen hinüber, schürzte die langen aus Lederschnüren gedrehten Stricke aneinander und ließ das so entstandene Seil über den Abgrund hinab.

„Hurrah!" schrie der junge Mann. „Es reicht noch über den Baum hinaus! Herbei, Freunde, ich glaube, ich habe den Rettungsweg entdeckt. Wir lassen uns bis zu jener Föhre hinab —"

„Und dann schneiden wir hier oben das Seil los und binden es unten wieder an!" sagte Jonas lachend, der sofort zur Stelle war. „Leider verstehen wir das Münchhausen'sche Kunststück nicht, aber immerhin läßt sich Dein Plan hören. Binden wir den Lasso hier oben an den Baum und dann mag einer von uns hinabsteigen und zusehen, was jenseits der Föhre bemerkenswertes ist. Wanitoa, Du mußt hinunter, Du bist geschickt und auch leichter als wir beide."

Der Indianer ließ sich ohne Widerrede das Seil um die Schultern legen, dann begann er langsam und vorsichtig den Abstieg. Bei dem betreffenden Baum angelangt, setzte er sich in leichte Schwingung, dann stand er auf einer breiten Steinplatte, die sich weit nach dem Thal hinaus vorschob und die von oben gesehen fast einer Kanzel glich.

Kaum hatte der Schwarzfuß festen Fuß gefaßt, so stieß er einen Ruf der Freude aus.

„Was hast Du, Häuptling?" rief Jonas hinab, der mit klopfendem Herzen am Rande des Abgrundes lag und jede Bewegung des Indianers mit fieberhafter Aufregung beobachtete.

„Von hier aus geht ein Weg in das Thal hinab!" gab Wanitoa zurück, dann kletterte er mit der Gewandheit

einer Katze an dem Seile empor und stand wenige Augen=
blicke später auf dem Plateau.

„Das junge Bleichgesicht hat durch seine Klugheit das
Leben dreier tapferer Krieger gerettet!" sagte er und seine
Stimme klang hell und freudig. „Wanitoa wird ewig sein
Freund bleiben!"

„Wir wollen das beste hoffen, Häuptling!" versetzte
Jonas. „Zwar hat vor uns niemand das Thal untersucht,
aber aller Voraussetzung nach giebt's da einen Weg hinaus.
Denn es ist nicht anzunehmen, daß der Bergkessel auf allen
Seiten von unersteiglichen Wänden eingefaßt ist. Irgendwo
müssen wir einen Ausweg finden aus diesem schrecklichen
Felsenlabyrinth."

Die drei Jäger säumten nicht lange. Sie beluden
sich mit den wenigen Habseligkeiten, welche sie noch besaßen,
hingen die Büchsen über die Schultern und ließen sich dann
einer nach dem andern an dem starken Seil hinab. Glücklich
erreichten sie die Felsenkanzel und hier fanden sie vollauf
Platz zum Ausruhen.

Jonas war der letzte, der den Abstieg unternommen,
aber der erste, welcher zum Aufbruch mahnte. Schon stand
er im Begriff, das kleine Plateau zu verlassen, da fiel sein
Blick auf den herabhängenden Lasso.

„Teufel, fast hätten wir einen bösen Streich begangen!"
rief er, riß seine Büchse von der Schulter und spannte den
Hahn. „Die verdammten Krähen sollen nimmer erfahren,
auf welche Weise wir den Weg der Rettung fanden!"

Er hob das schwere Rohr, zielte lange auf die Föhre
am Rande der Adlerplatte und dann zerriß die Kugel den
Knoten des um den Baum geschürzten Seiles. Ein kurzer
Ruck und der Lasso stürzte herab.

„Hugh!" stieß der Schwarzfußindianer hervor, der
mit Erstaunen den Vorgang beobachtet hatte. „Mein
weißer Vater besitzt eine sichere Hand und ein scharfes Auge!"

„Es ist nichts mehr, Häuptling!" entgegnete der Alte
ärgerlich und zeigte mit der Hand nach oben. „Ich hatte
den Knoten vorsichtiger Weise links am Stamme geschürzt,

einmal um besseres Visierlicht zu haben, und zweitens, um die Rinde des Baumes nicht zu verletzen, und nun hat die Kugel doch einen Splitter gerissen, wie Du siehst, Häuptling. Die Schleichende Katze weiß bald ganz genau, wie wir es angefangen haben, in das Thal hinabzukommen. Ich werde alt, ich merk' es und die Hände fangen an zu zittern."

Er lud seine Büchse und dann folgte er den voraufschreitenden Kameraden, die mit aller Vorsicht über die Steingerölle stiegen, die gerade hier in unglaublicher Menge wild durcheinander lagen. Der Weg war durchaus nicht so leicht zu passieren, als Wanitoa vorhin verkündet und mehr als einmal mußte das Lasso gebraucht werden, um steile Abhänge zu überwinden.

Endlich erreichten die Jäger die Thalsohle und alle drei atmeten froh auf.

Die Niederung dehnte sich nach links und rechts aus. Oft traten die hohen Felsenwände erschreckend nahe aneinander, und an solchen Stellen herrschte eine bedrückende Finsternis. Quer durch das Thal zog sich ein kleines Flüßchen mit flachen, aber buschreichen Ufern. Leise murmelnd sprang das Wasser über Kiesel und Felsentrümmer, die sich auch hier im Bette vorfanden und die Menschenhände hineingeworfen zu haben schienen, so regelmäßig geordnet lagen sie bisweilen da.

Jonas stamb und sah sich das alles an; endlich sagte er:

„Jenes Flüßchen wird irgendwo einen Ausgang haben und diesen Ausgang werden wir zunächst untersuchen müssen, um festzustellen, ob wir uns bei dem Tausch unseres Lagerplatzes verbessert oder verschlechtert haben!" — Er berührte mit seinem Gewehrkolben einige gelbschimmernde Steinchen, die der Bach möglichenfalls bei Hochflut aus dem Bette geworfen und die einen eigentümlichen Glanz ausstrahlten. „Alle Wetter, was ist das? Ich glaube gar, das ist das gepriesene Gold, um das sich die Menschen die Köpfe einschlagen!"

Er bückte sich und nahm einige „Pepitas" auf.

„Wahrhaftig, Coll, hier sind wir mitten im Eldorado. Teufel, von jetzt ab schieße ich nur noch mit Goldkugeln auf die nichtsnutzigen Krähen. Aber", sein Gesicht nahm einen wehmütigen Ausdruck an — „ich befürchte, wir befinden uns im Todesthal und haben auf kein Entrinnen zu hoffen. Vor uns hat niemand diesen Ort betreten, sonst läge nicht das Gold wie gesäet umher. Aus diesem Kessel giebts keinen Weg zur Freiheit und auch die Adlerplatte vermögen wir nicht mehr zu erreichen. Armer Coll, armer Wanitoa!"

Coll hatte wohl schwerlich auf die Worte seines alten Freundes geachtet; er hatte nur Sinn für die blitzenden und im Sonnenlicht sprühenden Steinchen, die in kolossaler Menge auf dem Kies des Ufers lagen. Seine Hände zitterten vor Erregung und aus seinen starren großen Augen funkelte die unersättliche Gier, die fast jeden Goldsucher erfaßt. —

Er lag bereits auf den Knieen und scharrte mit beiden Händen das edle Metall in seinen Ranzen. Was kümmerten ihn jetzt noch die Feinde, was fragte er nach dem Schwarzfußhäuptling, der einzig und allein seiner Rache lebte und was ging ihn der alte Jonas an, der bereits mit einem Fuße im Grabe stand und dessen Freundschaft und Liebe nur zu bald erloschen für immer und ewig. Er war mit einem Zauberschlage ein reicher Mann, ein Millionär und konnte jeden seiner Wünsche befriedigen. War's nicht, als entstehe da bereits ein Schloß vor seinen Augen, so schön, so herrlich wie kaum ein zweites, und als zögen da nicht goldbetreßte Diener und wappengeschmückte Kutschen vorüber? Ha, jenes Schloß war ja sein und jene Menschen alle gehörten ihm und folgten blindlings seinen Befehlen.

Jonas warf einen forschenden Blick auf den Pflegesohn.

„Ich glaube, der Junge hat das Goldfieber!" sagte er und ein seltsames Lächeln huschte über sein runzeliges Angesicht. „Armes Kind, was nutzen dir alle Schätze der Erde, wenn dir die Freiheit fehlt und — die Speise!"

Er lehnte sich auf den Lauf seiner Büchse und sah dem Treiben Colls kopfschüttelnd zu. Der Indianer warf einen Blick tiefster Verachtung auf das Bleichgesicht, das um nichts besser war als alle Glieder dieser Rasse. Das Gold das fluchbeladene Gold raubte auch ihm Treue und Freund= schaft und machte sein Herz zu einem Steinklumpen. —

Der Alte wurde ungeduldig.

„Coll! Coll!" aber Coll hörte nicht. Der Goldteufel hatte ihm die Ohren verstopft und das Herz, das sonst so weiche Herz.

„Coll! so höre doch!" rief der Alte schmerzlich und legte seine Rechte auf die Schulter des jungen Mannes, aber dieser stieß die Hand zurück, die ihn hinwegzuzerren versuchte von dem gefährlichen Orte.

Was wollte der alte Mann von ihm? Hatte die Natur etwa ihre Schätze umsonst umhergestreut vielleicht nur, um die blitzenden Sonnenstrahlen aufzufangen oder einer kaltblütigen Eidechse als zeitweiliger Ruheort zu dienen? Jenes wertvolle Metall war nur für ihn da, für ihn ganz allein und wehe dem, der ihm den Besitz desselben streitig zu machen suchte.

Colls Augen glitten verstohlen nach der Büchse hinüber, die im Bereiche seiner Hand lag. Die Kugeln der beiden Rohre reichten hin, um zwei zudringliche Menschen zum Schweigen des Todes zu bringen.

„Coll, Kind, um Gotteswillen folge uns!" bat der alte Jonas. „Noch sind wir nicht gerettet. Noch umgeben uns turmhohe Felsen, die uns die Flucht verwehren und die uns abschließen von der schönen Gotteswelt da draußen. Nimm Vernunft an, Mann, und laß das Gold, das uns weder sättigen, noch —"

Er brach mitten in der Rede ab und blickte nach dem östlichen Bergesabhang hinüber. Sein Schreckenslaut ver= mischte sich mit dem „Hugh!" des Indianers.

Auf einer Felsenplatte, vielleicht fünfzig Schritte über der Thalsohle, stand ein Bär, ein Grizzly, eines jener Tiere, welche selbst von den tapfersten Rothäuten gefürchtet werden und welche Dutzende von Kugeln hinnehmen, ohne eine Abnahme der Lebenskraft zu zeigen.

Das gewaltige Geschöpf gaffte eine Weile mit blöden Augen in das Thal hinab, dann machte es Anstalt, den „kleinen Wesen" da unten einen Besuch abzustatten. Sein zeitweiliges Brummen bewies, daß der Gebieter der Berge bei schlechter Laune war und daß er die Friedensstörer seines Reiches zu züchtigen gedachte.

Achtes Kapitel.

Im Lager.

Kehren wir jetzt zu den Goldsuchern zurück, welche wir in dem Augenblicke höchster Gefahr verließen.

„Feuer!" kommandierte Brandes mit weithinschallender Stimme und nun knallte es auf allen Seiten des Hains. Fast jeder Schuß traf sein Ziel und warf mehrere Feinde zugleich zu Boden. Die Wirkung der ersten Salve war demnach eine geradezu entsetzliche und zugleich entscheidende: Die Feinde, welche einen derartigen Empfang wohl kaum geahnt hatten, gaben sofort den Angriff auf und retirierten unter einem gräßlichen Geschrei, ohne auf die Stimme ihres Häuptlings zu achten, der zur Ausdauer ermahnte.

„Alle Wetter, ein derartiges Resultat hatte ich schwerlich erwartet!" sagte der alte Brandes schmunzelnd und lud seine Büchse. „Habe manchen Kampf mit den verflixten Rothäuten ausgefochten, aber so leicht ist mir bisher noch kein Sieg gemacht worden. Ja, ja, sie fürchten die Rehposten und das gehackte Blei, das so viel Wunden schlägt und Knochen zerschmettert. Ich denke, die Kerle werden an der einen Lektion genug haben und uns in Ruhe lassen. — Wie wäre es, Herr Werner, wenn wir uns nach der gehabten Anstrengung einen Kaffee kochten?

Liebe das schwarze Getränk ganz außerordentlich und an Schlaf ist doch nicht mehr zu denken!"

Werner war mit dem Vorschlage einverstanden. Harry mußte ein Feuer anzünden und bald brodelte das heiße Wasser im mächtigen Kessel.

Booth, Willms und noch einige Männer machten unterdessen die Runde um den Hain her und schleppten eine Menge Waffen herbei, welche sie den getöteten Indianern abnahmen und in einem der Wagen unterbrachten. Die gefallenen Feinde wurden sodann schnell beerdigt und zwar unter einem mächtigen Tulpenbaum, der etwas abseits von dem Wäldchen stand. — Hier unter dem düstern Schatten des Baumpatriarchen fanden sechszehn meist dem Jünglingsalter angehörige Krieger die letzte Ruhestätte fern von der Heimat und von den lieben Ihrigen, umrauscht von dem wogenden Prairiegras, dem Zeugen blutiger That. —

Auch Brandes hatte einen Rekognoszierungsritt rings um das Lager her unternommen. Jetzt, da die Gesellschaft den heißen Kaffee schlürfte, kehrte er zurück und berichtete, daß von den Feinden nichts mehr zu sehen und zu hören sei.

„Es waren übrigens nicht Krähen, sondern Sioux!" sagte er, sich am Feuer niederlassend.

„Gewiß hatten wir es mit einer Horde zu thun, die möglichenfalls nach Süden versprengt, den schwarzen Bergen zustrebte und die Gelegenheit für passend hält, einige Beutestücke zu machen. Ich begreife übrigens nicht, daß die Kerle ohne Pferde umherlaufen. Schon das beweist das Absonderliche ihres Zuges!"

Die Nacht verfloß ohne jede weitere Störung. Die Wölfe stellten sich wieder ein. Sie rochen das Blut des Schlachtfeldes und umheulten das Lager, doch wagten sie sich nicht dicht heran, aus Furcht vor den vielen Menschen. —

Zum Frühstück gab es saftige Büffelrippen, auch einige Gläser Rum, die Werner in Anbetracht der Nachtwache und der Tapferkeit der Leute freiwillig spendete und wofür ihm der laute Beifallsruf der Prairiemänner zu teil wurde.

Bei Sonnenaufgang ging die Fahrt weiter.

Bob, der erste Wagenführer, knallte lustig mit der Peitsche und lachte sogar Harry „den Jungen" an, der ihm den Rest seines Rum, weil er die Spirituosen nicht liebte, bereitwilligst überlassen hatte. Die Männer befanden sich in einer gehobenen Stimmung. Der Sieg der Nacht stärkte ihren Mut und befestigte die Hoffnung auf einen glücklichen Ausgang des immerhin gefährlichen Unternehmens.

Bereits schimmerte das Felsengebirge herüber. Noch war es zwar in das Blau des Himmels getaucht und noch gehörten Tagereisen dazu, bevor man die ersten Ausläufer der berühmten Berge erreichte, aber das Eldorado der Wünsche war doch zum wenigsten mit den Augen wahrzunehmen, wenn auch nur hinter einem Dunstschleier.

Die Gegend veränderte sich nach und nach. Es begann die Wellen- oder Rollprairie, d. h. der bisherige ebene, glatte Boden zeigte eine fast regelmäßige Aufeinanderfolge parallellaufender, wellenförmiger Erhöhungen, die hier und dort zu Hügeln anwuchsen, hoch genug, um eine Menge kriegslustiger Indianer den Augen sorgloser Prairiewanderer zu verbergen. Einzelne Baumgruppen, Mottes genannt, erhoben sich gleich Inseln aus dem Hügelgewoge und gerade solche Stellen gleichen einem künstlichen Parke und bieten einen so mannigfachen Wechsel von Busch und Pflanze, daß man versucht ist zu glauben, hier habe die schaffende, sorgsame Hand eines Gärtners gewaltet.

Diese Mottos sind Oasen in der Wüste vergleichbar. In ihnen fehlt es nie an Wasser, frischgrünen Weideplätzen, an Büffeln, Antilopen, wilden Pferden, Fasanen und Truthühnern. Aber gerade hier trifft man auch den roten Mann am meisten an und darum ist es Pflicht jedes Karawanenführers, auf diese Stellen ein ganz besonders wachsames Auge zu haben.

An Lebensmitteln fehlte es Werner und seinen Leuten nicht. Wild gab es in Menge und ein saftiger Truthahns= braten stand fast täglich auf dem Speisezettel, den auf= zustellen, der Sorge des alten Brandes überlassen blieb.

Nach sechs starken Märschen erreichten sie den Wald, der sich am Fuße des Felsengebirges hinzog und der vielfach durchschnitten wurde von Felspartien oder Gebirgs= läufern. Hätte der alte Brandes geahnt, daß wenige Meilen von ihm die Schleichende Katze mit seiner Horde lagerte, er hätte wohl nicht Befehl gegeben, die Wagen zusammen zu fahren; er wäre wohl schleunigst von dannen gezogen.

Hier, fern von der Heerstraße feindlicher Völker glaubte er sich sicher vor jeder Gefahr, und wenn auch hin und wieder einzelne Gebirgsindianer nach der Ebene hinausstreiften, das „Geschmeiß" fürchtete er nicht.

Die Vorsicht ließ der alte gewiegte Wüstenjäger doch nicht außer acht. Die Wagen wurden in der bekannten Weise aufgefahren und rings umher mit starkem Pfahlwerk und Baumgeflecht versehen, um jedes unbefugte Betreten des Lagers zu verhindern.

„Wir wollen uns die Mühe nicht verdrießen lassen," sagte der Alte zu Werner, „denn hier haben wir es mit allerhand schleichendem Gesindel zu thun, das, zu feige, offen aufzutreten, seine Diebesgelüste in finsterer Nacht vollführt."

Am Abend unternahm Brandes einen „Pürschgang" in den Wald hinein, kehrte aber schon nach einer Stunde mit der schreckenverursachenden Nachricht zurück, daß eine ansehnliche Indianertruppe am Fuße des Berges lagere und daß es aller Voraussetzung nach Kräheninndianer seien. Noch ahnte er nicht, daß er den gefürchteten Häuptling des Stammes vor sich hatte.

„Alle Wetter, Brandes, dann rate ich zum schleunigen Aufbruch!" rief Werner beunruhigt.

„Nicht doch, Herr! die Rothäute würden uns nicht friedlich davonziehen lassen!" gab der Alte ruhig zurück.

„Unſere Stärke beſteht zur Zeit in dem feſten Lager und hier ſind wir ſicher ſelbſt gegen eine doppelte und dreifache Überzahl. Ich will annehmen, die Feinde haben uns noch nicht bemerkt, trotzdem ich das ſtark bezweifle, aber ſie würden uns aufſpüren, ſobald wir dieſen Ort verließen. Die Nachtluft übermittelt das kleinſte Geräuſch — und ohne etwas Spektakel geht unſer Aufbruch nicht ab — ſelbſt auf weite Entfernung hin viel klarer und deutlicher. Bleiben wir auf dem Platz und warten wir in aller Seelenruhe ab, was kommen wird. Wenn ich richtig geſehen habe, ſo führen die Feinde Verwundete mit ſich und das giebt zu denken. Die Horde hat vor wenigen Tagen vielleicht einen Kampf mit ſtärkeren Feinden zu beſtehen gehabt, befindet ſich alſo auf der Flucht und wird entweder nach Norden oder nach Süden durchbrechen. Alſo ruhig Blut Kameraden, morgen in aller Frühe zieht die Geſellſchaft von bannen, ohne uns ein Haar zu krümmen!" —

Die Nacht brach herein. Die Hälfte der Leute ſchlief, die andere wachte mit der geſpannten Büchſe in der Hand. Pferde und Maultiere verhielten ſich ruhig; ſie waren müde und hatten ſich alle gelagert.

Der Himmel war klar. Der Mond ſchien ſo hell, daß man weit hinaus in die Prairie ſehen konnte. Auch zwiſchen den hier nur dünn ſtehenden Kiefern lag genügend Licht, um jede Annäherung ſchleichender Feinde ſofort zu bemerken.

Das Lager ſelbſt war äußerſt vorſorglich gewählt. Es befand ſich innerhalb eines Buſchringes, der nur auf einer, der Prairieſeite, offen blieb, hier aber durch Pfahl- und Heckenwerk ganz beſonders geſichert erſchien. —

Es mochte kurz vor Mitternacht ſein.

Brandes hatte ſoeben die Wache im Oſten übernommen und lag, die Büchſe ſchußbereit, neben Werner. Kaum ließ er ſeine Blicke über die Prairie ſchweifen, da ſtutzte er.

Von links her näherten ſich dunkle Geſtalten. Waren das äſende Büffel oder Feinde? Noch erſchienen die Körper wie in Nebel gehüllt, aber bald traten ſie klarer hervor.

„Alle Wetter, das sind Indianer!" flüsterte Brandes
dem jungen Manne zu. „Vier, fünf, sechs, acht Mann.
Wir müssen auf der Hut sein!"

Immer näher kamen die Reiter. Schon unterschied
man den wallenden Kopfschmuck und die langen Lanzen.

„Bei Gott, es sind Krähen!" sagte der alte Jäger
bestürzt. „Sie kehren von der Jagd zurück. Sehen Sie
doch die mit Wildbret schwer beladenen Tiere! Die Strolche
gehören zu dem Trupp hinter uns am Felsen. Gott sei
Dank, sie ziehen an uns vorüber, ohne uns zu bemerken.
Doch nein, die Wagenspuren müssen uns verraten. Teufel,
da halten die Kerle!"

Die Rothäute hielten wirklich; sie hatten die tief ein=
schneidenden Geleise bemerkt und sofort stiegen zwei Mann
von den Pferden, um die Spuren auf ihr Alter zu unter=
suchen.

Trotz der immerhin bedeutenden Entfernung bemerkte
der mit scharfen Augen von der Natur ausgestattete Brandes
alles, was sich da drüben abspielte.

„Die Teufelskerle wissen jetzt ganz genau, wie stark
wir sind!" flüsterte er ingrimmig. „Sehen sie, mit welcher
heimtückischen Ruhe die beiden Burschen zu Pferde steigen,
als hätten sie die friedlichsten Gedanken und doch brüten
die roten Canaillen jetzt über die schwärzesten Pläne. Sie
ziehen, als sei nichts vorgefallen, nach Osten, aber sobald
sie sich unbemerkt glauben, jagen sie im gestreckten Galopp
im Bogen zu ihren Kameraden, um ihnen brühwarm die
große Neuigkeit von der „fetten Beute" mitzuteilen. Möchten
doch die Schufte alle den Hals brechen!"

Brandes kroch zurück und weckte sämmtliche Leute,
dann postierte er sie rings um das Lager, gab auch den
Befehl, bei einem späteren Kampfe ja recht kaltblütig zu
sein und sicher zu schießen. — Er und Werner verließen
die Prairieseite und nahmen im Westen sichere Deckung.

Schon rötete sich der Osten, da plötzlich stieß der alte
Jäger den jungen Mann an und zeigte in den Wald
hinein.

„Dort steht mit einem Mal ein Busch, der vorher nicht da war!" flüsterte er. „Ich zählte vier solcher Dickichte und nun sind es fünf und dieses fünfte Gebüsch übertrifft alle übrigen Gesträucher. Ich will verdammt sein, wenn hinter diesem Flechtwerk nicht mindestens ein halbes Dutzend Rothäute stecken!"

Werner sah angestrengt nach der angedeuteten Richtung hinüber, aber er konnte nichts Verdächtiges bemerken. Wohl bewegten sich einzelne Zweige des Gebüsches, aber das konnte nur der Wind sein, der von den Felsen ziemlich kalt herüberwehte.

„Alle Wetter, weiter links tauchen dunkle Gestalten auf!" fuhr Brandes fort. „Sie schleichen von Baum zu Baum, und wenn ich nicht irre, beherbergt auch das hohe Gras eine Menge von Feinden. Unsere Maultiere werden bereits unruhig, ein Zeichen, daß sie die Nähe der Feinde wittern und für sich selbst Gefahr befürchten!"

Er hatte kaum den letzten Satz gesprochen, da erhob sich hinter den Wagen ein ohrbetäubendes Geheul. Drei, vier und noch mehr der verwegensten Indianer schoben ihre scheußlich bemalten Körper zwischen die Räder der Fuhrwerke und sprangen dann, ein gellendes Kriegsgeschrei ausstoßend, mitten in das Lager.

Neuntes Kapitel.

Der Weg aus dem Goldthal.

Teufel, das ist ein gefährlicher Nachbar!" rief Jonas, als er den grauen Bären erblickte und doch verlor er die nötige Ruhe und Kaltblütigkeit nicht. „Häuptling, wir müssen der Bestie zwei Kugeln in den Kopf schießen, vielleicht bricht sie sich dann das Genick, wenn sie von den Felsen stürzt. Achtung! Feuer!"

Zwei Schüsse krachten fast zu gleicher Zeit und donnerartig lief der Schall das schmale Thal entlang, hier und dort mehrstimmiges Echo erweckend.

Das gewaltige Tier blieb einen Augenblick stehen, schlug mit der rechten Vordertatze nach dem Kopfe, in dem die Kugeln saßen, schwankte dann hin und her wie ein Betrunkener und rollte schließlich den Bergesabhang hinab. Zweimal schlug die Bestie gegen spitziges Gestein und jedesmal ertönte ein klägliches, ohrzerreißendes Geheul.

Der Vorgang übte auf Coll eine überraschende Wirkung aus. Er fuhr wie der Blitz von der goldbesäeten Niederung empor, starrte mit großen Augen auf die zwei Männer, die mit ernsten Gesichtern, die langen Messer in der Faust, Seite an Seite standen zum Kampfe bereit, und — sein Gewissen erwachte.

Noch hielt er ein großes Goldstück in der Hand, aber er warf es verächtlich von sich, ergriff die an der Erde liegende Büchse und stürzte auf den Kampfplatz.

„Auf die Felsen, Coll, oder Du bist verloren!" schrie Jonas, der das Gebahren seines Pflegesohnes sehr wohl bemerkt hatte und dessen Herz in treuer Liebe für das einzige Kind schlug.

Aber Coll hörte nicht oder besser, er wollte nicht hören. Wo hatte er seine Ohren, seine Augen gehabt und wie konnte er seine besten, treuesten Freunde in der Stunde der Gefahr um schnödes Goldes willen im Stiche lassen? Diese schwere Schuld mußte mit Blut gesühnt werden, indem er für sie kämpfte, für sie sein Leben dahingab.

Der Bär lag einen Moment vom Falle betäubt auf der Erde, aber dann sprang er empor und stieß ein heiseres, wildes Gebrüll aus. Kaum zehn Schritte von ihm entfernt stand Coll mit leicht geröteten Wangen, aber wie aus Erz gegossen. Langsam hob er das schwere Rohr, zielte auf den Kopf des Untiers und schoß.

Wieder lief der Donner das Thal entlang und wieder stieß die Bestie ein Wutgebrüll aus. Jetzt machte sie Anstalt, sich auf den verwegenen Jäger zu stürzen, aber dieser war gelenker als das schwerverwundete Tier, riß sein Messer aus der Scheide und stieß es dem Grizzly hinter der Schulter in den Leib.

Der Stoß war tötlich. An allen Gliedern zitternd stand der Bär da, schnappte nach Luft, wimmerte wie ein krankes Kind und fiel dann schwer zu Boden. Noch zuckte der Riesenkörper, aber das Leben war bereits entflohen. Dicke Blutstropfen sickerten aus den Kopfwunden und färbten die helleren Stellen der Backen rot.

„Coll, mein lieber, lieber Junge!" rief Jonas im Uebermaß der Freude, und dann legten sich drei Männerhände in einander zum Zeichen des aufs neue geschlossenen Bundes.

Wanitoa warf einen bewundernden Blick auf den jungen Gefährten, den er vorhin im Stillen so tief verachtete. Die Indianer ehren die Tapfren, gleichviel welcher Rasse sie angehören und sind bescheiden genug, ihre eigene Person in den Hintergrund zu stellen.

„Gott sei Lob und Dank, wir haben jetzt Fleisch vollauf und können wir uns wieder einmal ordentlich satt essen!" rief der Alte und zum ersten Mal nach langer Zeit lachte er laut vor sich hin. „Unser Herrgott verläßt uns nicht und so es sein Wille ist, wird er uns auch glücklich aus den Bergen führen, ohne daß uns die hinterlistigen Krähen ein Haar krümmen."

Die drei Männer machten sich nun an das Geschäft des Abhäutens und dann wurde ein mächtiges Stück Fleisch von einer der Hinterkeulen herausgeschnitten und über einem von Wanitoa schnell angezündeten Feuer gebraten. Holz gab es ja genug in dem Goldthal. Dürre Reiser lagen überall umher, sogar ganze Bäume, die der Wirbelwind aus den Spalten der Felsen losgerissen und die nun möglichenfalls seit Jahr und Tag auf dem Grunde der Kluft moderten.

Mit größerem Appetit hatten unsere Freunde seit langem nicht gespeist. Wanitoa verschlang Stück nach Stück und auch Coll kaute mit einer Rührigkeit, als gelte es, noch heute den ganzen Grizzly zu verzehren.

Während Jonas und Coll zurückblieben und große in Streifen geschnittene Fleischstücke in der Sonne trockneten, schritt der Indianer flußabwärts, um einen Ausgang zu suchen. Er blieb lange aus und als er endlich zurückkehrte, da überbrachte er die traurige Nachricht, er habe nicht gefunden, was er gesucht. Die Steinwände rings umher seien unübersteiglich und der Ausfluß des kleinen Bächleins lasse ein Entkommen nicht zu.

Das war ein Donnerschlag für Coll, aber Jonas, der lange vor sich hingestarrt, verlor den Mut nicht.

„Ich glaube, daß es über die Berge kein Entrinnen giebt", sagte er und erhob das bisher gesenkte Haupt; „denn sonst läge nicht das Gold haufenweise im Thal, und dennoch muß es einen Weg nicht über, sondern durch die Berge geben, das beweist uns der Grizzly. Ich meine, irgendwo in dem Gestein befindet sich eine Höhle und durch diese Höhle kam der Bär, um einmal zu sehen, wie es auf dieser Seite der Felsen aussieht."

„Hugh!" machte der Indianer.

„Ja, ja, Häuptling. Oder willst Du etwa behaupten, daß das Tier aus dem Thal hier, in welchem nur Eidechsen und ein paar Schlangen ihr Dasein fristen, seine Nahrung bezog? Das Geschöpf sättigte sich drüben in der Prairie, spazierte dann in aller Gemütsruhe in sein Versteck und schlief ungestört bis zur sinkenden Sonne. Sein Erscheinen diesseits ist für uns ein Fingerzeig, daß wir hoffen dürfen, und daß wir nicht dazu verdammt sind, dem schrecklichen Tode des Verhungerns anheimzufallen. Sei einmal so gut, Häuptling, und steige nach der Platte hinauf, auf der wir den Grizzly zuerst erblickten, dort befindet sich der Eingang zu der Höhle. Coll und ich werden alles in Bereitschaft setzen, um Dir ungesäumt zu folgen."

Wanitoa flog bereits die Felsen hinauf und dann ver=
nahm man seinen Jubelschrei. Er hatte wirklich den Ein=
gang zu einem unterirdischen Gang entdeckt.

„Ich dachte es mir!" sagte der Alte vergnügt vor sich
hinlachend. „Schon während des Abhäutens hatte ich alles
herausgefunden. Uebrigens gehört kein großer Scharfblick
dazu. Der Grizzly, den uns unser Herrgott geschickt, zeigte
den einzigen Weg der Rettung. Junge, mein Junge, wir
werden wieder die schönen Wälder zu sehen bekommen und
die Prairie in ihrer mannigfachen Gestaltung!"

Er packte das Fleisch in Bündel zusammen, las hier=
auf trockene, harzige Reiser zusammen, die er als Fackel
durch den düstern Gang zu benutzen gedachte, und dann
stiegen die beiden Männer die Felsen hinauf. Wanitoa
empfing die Freunde mit strahlendem Gesicht.

„Mein weißer Vater ist sehr klug!" sagte er demütig.
„Er fand den Weg der Rettung, ohne einen Blick an diesen
Ort gethan zu haben. Wanitoa wird sein Alter leicht
machen und ihm viel Wild schießen, damit er Kraft ge=
winnt und noch viele Sonnenjahre dahinlebt!"

Jonas lächelte still vor sich hin.

„Ich danke Dir, Häuptling! Du bist ein guter Mensch
und verdienst die Liebe Deines Volkes. Manitu wird Dich
segnen dafür und Dir und Deinem Stamme Glück geben
auf der Jagd und im Kampfe gegen Eure Feinde!"

Er hatte bei diesen Worten ein Feuerzeug hervorge=
zogen und entzündete nun drei der harzigsten Späne, darauf
traten die Männer den Weg durch die Höhle an. Jonas
schritt vorauf, dann folgte der Indianer und den Beschluß
machte Coll, der außer einem Bündel Fleisch noch einen
Haufen Kienfackeln trug.

Anfänglich ging die Höhlung gerade in den Berg
hinein, dann wandte sie sich scharf nach links, fiel aber
ziemlich schroff ab, bis sie bei einer neuen Wendung zu
steigen begann. An zwei Stellen fanden die vorsichtig da=
hinschreitenden Männer bequeme Lagerstellen und hier mochte
der Grizzly nacheinander sein Winterquartier aufgeschlagen

haben. Einen Gefährten des getöteten Bären traf man nicht; möglichenfalls hatte man es hier mit einem sogenannten „Junggesellen" zu thun gehabt.

Endlich nach einer Stunde unausgesetzten Wanderns erreichten unsere Freunde den Ausgang der Höhle, welcher hinter Steingerölle so versteckt lag, daß man ihn, wie selbst der Schwarzfußhäuptling gestand, von außen nur durch Zufall zu entdecken vermochte. Hinter dem Felsen= labyrint krochen die drei Jäger hervor und blickten, vor= sichtig hinter schützendem Gestein geborgen, in die Niederung hinab.

„Alle Wetter, wir sind ja kaum tausend Schritt von der Adlerplatte entfernt!" sagte Jonas verwundert und schob den Kopf weiter nach rechts vor. „Da drüben seitwärts liegt der Wald, in dem die Schleichende Katze lagert und dahinter dehnt sich die Prairie aus. Teufel, ist's nicht, als ob auf der grünen Ebene Menschen hantieren? Wahrhaftig, es sind Wagen und Reiter!"

Er hatte die Wernersche Karawane entdeckt, die langsam, ohne Ahnung von der drohenden Nähe der Feinde, daherzog und die, wie wir bereits wissen, am Saume des Waldes ihr Nachtlager aufschlug.

„Hugh!" stieß der Indianer hervor, denn auch er hatte die Goldsucher von seinem Versteck aus wahrge= nommen.

„Wir müssen die Landsleute warnen!" sagte hier der mitleidige Coll. „Die armen Teufel rennen blindlings in ihr Verderben!"

„Bei Tage ist das kaum möglich, mein Junge!" versetzte Jonas. „Wir müssen ruhig zusehen, wie sich die Geschichte abspielt und können höchstens in der Nacht unsern Posten verlassen. Gelingt's uns, die Karawane ungefährdet zu erreichen, so sind wir hoffentlich stark genug, gegen die Krähen eine Schlacht zu wagen!"

Die drei lagen und beobachteten die Fuhrwerke, die sich mehr und mehr näherten, von denen aber nicht das leiseste Geräusch herüberdrang. Endlich erreichten Reiter und Wagen den Waldesrand und nun verschwanden Menschen und Tiere den Augen der beobachtenden Jäger.

„Die Schleichende Katze hat die Fremden jedenfalls nicht bemerkt!" sagte Jonas; „denn sonst hätte er gewiß einen Ueberfall bewerkstelligt!"

Die Zeit bis zum Abend verfloß den Freunden schnell genug. Man beriet über mancherlei und kam schließlich dahin überein, den Krähen einen Besuch abzustatten und ihnen ein paar Pferde zu stehlen; denn ohne Pferde war an eine erfolgreiche Flucht nicht zu denken. Der Plan erschien gewagt, doch ließ er sich ausführen trotz der bekannten Wachsamkeit der Rothäute.

Zehntes Kapitel.

Entscheidungskampf.

Endlich verschwand die glühende Sonnenscheibe hinter dem westlichen Horizonte. Die gefiederten Sänger der Niederung verstummten, nur der Spottvogel probierte noch einige neu einstudierte Strophen und ihm sekundierte der Abendfinke und der Wellenprairievogel, dessen klagende, liebliche Weise selbst zu unsern Freunden hinaufdrang.

Auf der Ebene lag tiefes Schweigen und nächtliches Dunkel. Noch war der Mond nicht aufgegangen und gerade dieser Umstand kam den drei Jägern gut zu statten. Ohne entdeckt zu werden kletterten sie bergab, natürlich mit äußerster Vorsicht; denn das Rollen selbst des kleinsten

Steinchens konnte unberufene Ohren treffen und Feinde herbeilocken. Hintereinander auf Händen und Füßen kriechend, vollführten sie das schwierige Werk und erreichten endlich die Niederung, wo sie in einem dichten Gebüsch rasteten, um sich auszuruhen.

Jetzt ging der Mond auf, aber das schwache Silber=licht verscheuchte kaum die dichte Finsternis, welche die Waldregion beherrschte.

„Vorwärts!" flüsterte Jonas, „aber um Gottes=willen ruhig."

Der Häuptling lauschte einen Augenblick in die Nacht hinein, dann sagte er leise: „Die Krähenhunde haben ihren Pferden die Hufe umwickelt; ich höre ein Stampfen der Tiere. Die Schleichende Katze ist zum Ueberfall bereit!"

Man schlich vorwärts, doch plötzlich riß Wanitoa seine Gefährten zu Boden und gleich darauf vernahm man den leichten Schritt eines indianischen Kriegers.

Eine Gestalt nahte, langsam, vorsichtig, Schritt nach Schritt. Es war ein Kräheninbianer. Hatte er etwas verdächtiges bemerkt oder dirigierte ihn der Wille des Anführers nach dieser Seite? Bis auf zehn Schritte näherte sich der Posten, dann lehnte er sich gegen den Stamm eines Baumes und blieb stehen.

Die Freunde befanden sich in einer nichts weniger als angenehmen Lage. Jede Bewegung ihrerseits mußte die Aufmerksamkeit des Spähers erregen und konnte zur Entdeckung führen.

Coll fühlte, wie etwas Kaltklebriges über sein linkes Bein fuhr und dann langsam über seinen Rücken kroch. Das mußte eine Schlange sein, die auf Beute ausging und zufällig auf Menschen stieß. Der junge Mann schauerte zusammen und drückte den Kopf tief in das hohe Gras. Immer höher arbeitete sich das Reptil, das sich nach rechts und links wandte, im Genick längere Zeit ver=weilte und dann endlich auf den vorgestreckten linken Arm hinausschob. — Mochte die Lebenswärme der Hand der Schlange zusagen, genug, sie rollte sich zusammen und lag nun ruhig.

Welche Stimmung unsern Coll erfaßte, läßt sich denken: Vor sich den grimmigen Feind, der zum Angriff bereit stand und auf sich eine der gefährlichen Schlangen, deren Biß tödlich wirkt. Jede noch so leise Bewegung mußte das Reptil wahrnehmen und zur Wut reizen. Wie gerne hätte er sich in den heißesten Kampf gestürzt, nur um dieser Seelenqual ledig zu werden.

Erst nach einer guten halben Stunde verließ der Späher seinen Posten und dann vernahm man den leisen Schritt der zurückgehenden Schildwache.

„Gott sei Dank!" flüsterte Jonas, „und nun vorwärts!"

Colls Herz schlug lebhaft. Was sollte er mit dem Gewürm anfangen, das noch immer auf seiner Hand ruhte und auch keine Anstalt machte sich von ihm zu trennen.

„Coll, mein Junge, wo bist Du!" ließ sich der Alte abermals hören, da schleuderte der junge Mann mit einem kräftigen Ruck der Hand das Reptil von sich, so daß es klatschend gegen einen Baumstamm fiel.

„Teufel, was war das?" rief Jonas, als er das Geräusch vernahm und nun erst erfuhr, um was es sich gehandelt.

Die drei schlichen tiefer in den Wald, hinweg von der gefährlichen Stelle. Und es war auch die höchste Zeit, denn wenige Sekunden später erschien abermals der Kräheninbianer, um nach der Ursache des sonderbaren Schalles zu forschen.

Nur langsam kamen die drei Männer vorwärts. Einmal mußten sie wohl eine Stunde warten, weil sie zwischen zwei Wachtposten geraten, die starr wie Steingestalten auf derselben Stelle verweilten und mit den Bäumen, an die sie sich gelehnt, verwachsen zu sein schienen.

Mehr und mehr näherten sie sich dem Lager. Da plötzlich ertönte der schrille Ton einer Nachtschwalbe und nun vernahmen unsere Freunde das Durcheinander vieler Tritte, zwar leise nur, doch immerhin deutlich genug für die feinen Ohren der Prairiemänner.

„Da drüben geht etwas Besonderes vor!" flüsterte Jonas, und er hatte recht, denn die von der Jagd heim= kehrenden Krähen hatten die Nachricht von der Anwesenheit mehrerer Bleichgesichter überbracht und die Rothäute aus dem Schlummer aufgeschreckt.

Jetzt gelang es den drei Männern, weiter vorzu= schleichen und einen sichern Platz nahe bei dem Lager zu gewinnen. Hier waren sie sicher und konnten in aller Ge= mütsruhe den richtigen Zeitpunkt zum Handeln abwarten.

Bald kam der Moment, wo die Feinde aufbrachen und nach Osten zogen, um, wie unsere Freunde richtig ver= muteten, die Goldsucher zu überfallen. Mehrere der Krieger schlichen dicht an dem Versteck vorüber ohne Ahnung von der Nähe ihrer grimmigsten Feinde.

Jetzt war es hell genug, um alles sehen zu können, was sich außerhalb des Lagers abspielte. Jonas knirschte vor Wut mit den Zähnen, als er unter den abziehenden Kriegern die Schleichende Katze bemerkte, die den rechten Arm in einer Binde trug. Hätte er dem Kerl doch lieber die Kugel in die Brust gejagt, statt in den Arm, so dachte er, und seine Rechte umspannte fester das Schloß seiner Büchse.

Schon standen die Jäger im Begriff, das verlassene Lager der Feinde zu betreten, da ertönten im Osten die ersten Schüsse der wachsamen Goldsucher und dann krachten die Gewehre in ununterbrochener Reihenfolge.

„Alle Wetter, das geht lustig her!" sagte Jonas. „Wie wär's, Coll, wenn wir unsere Büchsen mitsprechen ließen? Ein Flankenangriff unsererseits wird unter den Krähen große Bestürzung hervorrufen, den Bleichgesichtern aber sehr willkommen sein!"

Coll und auch Wanitoa, der nach dem Blute der Schleichenden Katze lechzte, stimmten zu und nun schlichen die drei kühnen Männer im Bogen nach links dem Kampfplatze zu. Glücklich und ohne bei der Hitze des Gefechts bemerkt zu werden, erreichten sie einen trefflichen Verteidigungsort, kaum fünfzig Schritte von der Wagenburg entfernt.

Jonas, der mit einem Blick die Situation erfaßte und der selbst in dem Augenblicke der höchsten Gefahr die gewonnenen Eindrücke zu besprechen liebte, lachte vergnügt vor sich hin, dann sagte er:

„Die Weißen sind vorsichtiger, als ich dachte. Seht Euch einmal das Lager an, das meinertreu nicht praktischer gewählt werden konnte. Hier scheint der Rat eines erfahrenen Waldläufers den Ausschlag gegeben zu haben. — Nun laßt uns unser Kriegsgeschrei anstimmen, daß unsere Landsleute wissen, woran wir sind und dann Vorwärts. Erst die Kugeln aus dem Rohr und dann mit Bleistücken unter die Kanaillen gepfeffert!"

Jonas schoß, und einer der angreifenden Feinde sank tot zur Erde. — Der peitschenartige Knall aus der Büchse des alten Jägers war nicht unbeachtet geblieben.

„Jonas!" schrie der entsetzte Krähenhäuptling und „Jonas!" brüllte der alte Brandes. „Nun ist's gut, Herr Werner, jetzt haben wir einen tapferen Bundesgenossen und nun wollen wir die Schufte ins Kreuzfeuer nehmen!"

Jetzt folgte Schuß nach Schuß. Die Bleiladungen von hüben und drüben thaten ihre Schuldigkeit und räumten entsetzlich auf unter den bestürzten Feinden, die hier wider Erwarten auf vorzügliche Schützen trafen.

Da geschah etwas Besonderes.

Die schleichende Katze stürmte gegen den Standort der der drei Jäger an. Der grimmige Haß trieb ihn zu der heroischen That, trotzdem er sich sagen mußte, daß ein glücklicher Ausgang des Unternehmens ausgeschlossen war.

— Wild funkelten die Augen des Mannes, der sich von der Leidenschaft beherrschen ließ und nach einem Zweikampf auf Tod und Leben strebte.

Coll stand im Begriff hervorzuspringen, doch der Schwarzfußindianer schob ihn zurück.

„Die Schleichende Katze gehört mir!" rief er und dann stürzte er sich auf den Gegner.

Auf einer kleinen Lichtung entspann sich der Kampf. Des Mondes Silberlicht erleuchtete den wenige Quadrat= meter umfassenden Platz, der im schönsten Blütenschmuck prangte und der ganz geeignet war, den Haß zweier unver= söhnlichen Gegner im Schlußakkord — im Kampf um Leben und Tod — ausklingen zu lassen.

Krachend fuhren die Tomahawks gegen einander. Blitzartig folgten Streich auf Streich, auf beiden Seiten mit großer Geschicklichkeit geführt und pariert. Da — die Linke des Krähenhäuptlings erlahmte — flog das Schlacht= beil der Schleichenden Katze weithin auf den Rasen und fast in demselben Augenblick fuhr Wanitoas Waffe tief in die nackte Brust des Feindes.

„Hund von Schwarzfuß!" stieß der zum Tode ge= troffene Häuptling hervor, dann riß er das Beil aus der Wunde und schleuderte es auf den Gegner, doch machtlos prallte es an einem Baumstamm ab und fiel zu Füßen des auf den Lauf seiner Büchse lehnenden Jonas.

Noch einen Moment stand der Krähenhäuptling, dann sank er schwer zu Boden. Er hatte seine Verwegenheit mit dem Tode gebüßt.

Wanitoa ließ das Siegesgeschrei seines Stammes er= tönen, dann beugte er sich über sein Opfer und nahm ihm seinen Skalp. — Coll wandte sich schaudernd ab. —

Mit dem Fall der Schleichenden Katze war der Kampf entschieden. Die Krähen flohen, verfolgt von den er= grimmten Goldsuchern, die noch manchen der Feinde zu Boden knallten.

Brandes eilte auf den alten Jonas zu und schüttelte ihm dankbar die Hand. Er kannte den berühmten Waldläufer persönlich und hatte schon einmal Gelegenheit gehabt, mit ihm Seite an Seite gegen die Rothäute zu kämpfen. Auch Werner sprach den drei Jägern seinen Dank aus und versah sie nicht nur reichlich mit Schießbedarf, Kaffee, Tabak und sonstigen wertvollen Artikeln, sondern gab ihnen auch drei der besten Pferde aus seinem Reservebestand, den er wohlweislich mit sich führte. — — — — — — —

*   *   *
*

Die Geschichte ist zu Ende; es bleibt uns noch Folgendes zu erwähnen übrig.

Jonas, Coll und Wanitoa zogen ohne jede weitere Störung nach Norden und stießen endlich auf fünfzig Schwarzfußkrieger, welche den Auftrag erhalten hatten, nach dem Verbleib ihres Häuptlings zu forschen. Die Freude war groß, als man den Tod der Schleichenden Katze erfuhr, und wenn man auch nicht unerhebliche Verluste an Stammesgenossen zu beklagen hatte, so wog doch die Thatsache, von dem gefährlichen, hinterlistigen Feinde befreit zu sein, jene schmerzlichen Verluste voll und ganz auf.

Jonas und Coll blieben mehrere Wochen bei ihren Freunden, den Schwarzfüßen, dann zogen sie nach Süden, um ihre Beschäftigung als Fallensteller wieder aufzunehmen. Sie vergaßen nicht, den alten Platz, an welchem sie ihre Vorräte verborgen hielten, wieder aufzusuchen und die noch gut erhaltenen Felle an das Tageslicht zu befördern. — —

Erst nach dem Tode Jonas' stattete Coll dem Goldthal einen zweiten Besuch ab, hob die Schätze des geheimnisvollen Ortes und zog nach dem Osten, wo er sich dauernd niederließ. Sein Traumgebilde von damals war zur Wirklichkeit geworden: Er bewohnte ein stattliches Schloß und fuhr in glänzenden Karossen, aber nicht allein, sondern eine zärtlich liebende Gattin und gut geratene Kinder teilten das Glück seines Lebens.

Auf dem Kriegspfade.

Erstes Kapitel.

Böse Vorbedeutung.

In dem Gasthofe zu Saint Paul — am rechten Ufer des Mississippi gelegen — ging es ziemlich laut her.

Ein Dutzend Prairiejäger saßen an einem langen Tische, aßen Froschkeulen, Prairiehühner, Wildbraten, Büffelzungen, und tranken den besten Wein, den der Wirt in seinem Keller hatte und von dem er schmunzelnd immer eine Flasche nach der andern herauf holte.

Die Trapper Nordamerika's sind ein lustiges Völkchen. Was sie das ganze Jahr hindurch unter unsäglichen Mühen und Gefahren verdienen, das verjubeln sie im Kreise lustiger Zechgenossen in wenigen Tagen, ja, bisweilen in wenigen Stunden. — Das Geld spielt für sie keine Rolle. Mit vollen Händen geben sie das klingende Metall hin, und wenn sie nur auf kurze Zeit des Lebens Freuden genießen dürfen, so sind sie schon zufrieden und tragen das Ungemach der übrigen Tage mit Geduld und mit einer bewundernswürdigen Gleichgültigkeit.

Sind ihre Taschen leer, so schultern sie die Büchsen und ziehen wieder hinaus in die unendliche Prairie, wo ihrer mannigfache Gefahren warten und wo sie gezwungen sind, den Kampf mit wilden Tieren und blutgierigen Menschen aufzunehmen.

Abseits von der lustigen Gesellschaft saßen an einem besonderen Tische zwei Waldläufer oder Trapper, von denen der ältere fünfzig, der jüngere dagegen achtundzwanzig Jahre zählte.

Sie kehrten sich nicht an die Lustigkeit ihrer Kameraden, gaben auch der wiederholten Aufforderung, an dem Tische der Prairiemänner Platz zu nehmen, nicht nach, sondern verzehrten in aller Gemütsruhe ihr frugales aus Schwarz= brot und Käse bestehendes Mittagsmahl.

Die Kleidung des älteren Jägers, dessen Namen „Roll" wir schon jetzt verraten wollen, war sehr einfach, bestand nur aus Leder und zeigte durchaus nicht die zierlichen Stickereien, welche gewöhnlich von den Prairiemännern beliebt sind und welche als eine Nachahmung indianischer Gebräuche betrachtet werden muß.

Die Kleidung des jüngeren Jägers, namens Thomas, bestand aus Hirschleder, doch waren die Nähte mit Purpur= zeug besäumt und zu allem Überfluß an beiden Seiten mit reicher Stickerei versehen.

Beide Waldläufer trugen die unerläßlichen Mokassins, deren Franzen so lang waren, daß sie die Erde berührten. — Neben ihnen an der Wand lehnten ihre Gewehre, lange Doppelbüchsen mit mit Eisennägeln beschlagenen Schäften, auch führten beide Jäger Pistolen mit sich und Bowies knifes (spr. Bohineifs), eine Art großen Jagdmessers mit hippen= artiger Spitze.

Nahe an der Thür auf einem dreibeinigen Schemel saß ein Indianer vom Stamme der Sioux (spr. Siu). Das leere Glas vor ihm auf dem Tischchen bewies, daß er dem Brandy (spr. Brändi) zugesprochen und daß er der Wirkung desselben nicht hatte widerstehen können. So schien es zum wenigsten; denn der Indianer saß zusammengedrückt da und ließ den mit Federn reich gezierten Kopf schwer auf die Brust hängen.

Niemand achtete auf den Indianer, selbst nicht die beiden Waldläufer, welche doch sonst gewohnt waren, von allem Notiz zu nehmen, was mit den Rothäuten zu= sammenhing.

Roll, der mit seiner Mahlzeit fertig geworden, wandte sich an seinen jüngeren Kameraden:

„Was meinst Du zu dem Kontrakt, den wir soeben mit Lord Burton abschlossen und der uns die Verpflichtung auferlegt, ihn ungefährdet nach den Prairien des Westens zu führen? Glaubst Du nicht, daß wir viele Umstände mit dem Herrn haben werden?"

Thomas, der noch über beide Backen kaute, lachte.

„Möglich ist's schon, Roll", entgegnete er. „Er besitzt viel Stolz, aber Mut scheint er nicht übermäßig viel zu haben. Doch was kümmert das uns, wenn er nur sein Wort einlöst und uns das Geld bei Heller und Pfennig auszahlt, was er uns laut Kontrakt zusicherte!"

„Nimmt lauter unnütze Sachen mit hinaus in die Prairie!" fuhr Roll fort und nestelte an dem großen Pulverhorn, welches an einem Riemen über seine Schulter hing. „Bereits sind zwei Pferde voll gepackt damit und noch immer kauft der Diener, der Brook (spr. Bruhk), weitere Alfanzereien ein. Weiß wirklich nicht, wie sie das alles wegbekommen wollen. Doch still, da kommt Se. Herrlichkeit!"

Ein mit grellen Farbenstoffen bekleideter Mann trat soeben in die Blockhütte, sah sich zunächst die laut johlende Gesellschaft der Prairiemänner an und trat dann, den Indianer bemerkend, vor dessen Tischchen.

Lord Burton, ein Engländer, konnte Mitte der Dreißig sein, war lang und hager und trug die Bart=Koteletts, ohne welche man sich einen Sohn Albions eigentlich nicht denken kann. Er war mit seinem Diener Brook expreß von England über das große Meer gekommen, um Bären und Büffel zu jagen und die Sitten und Gebräuche der Ur= eingeborenen Amerika's zu studieren.

Gerade dieser letzte Punkt schien ihm, trotz der damit verbundenen Gefahr, wenig Unruhe zu bereiten; denn er sprach über die Indianer in einer Weise, als seien sie die friedfertigsten und nachgiebigsten Menschen auf Gottes

Erde und bildete sich ein, selbst mit den bösesten unter ihnen bequem fertig werden zu können.

Er war daher erfreut, als er den schlafenden Indianer erblickte und schickte sich an, seine Studien der Rothäute zu beginnen. Roll gab zwar einen warnenden Ton von sich, aber wozu das? Ein Sohn Albions, noch dazu ein Lord mußte ganz genau, wie er mit uncivilisierten Menschen umgehen müsse.

Lange stand er und beobachtete den Sioux, der in sich zusammengesunken dasaß und kein Glied rührte.

„Muskulöse Gestalt!" sagte der Lord laut vor sich hin. „Mächtige Glieder und Muskeln, zwar etwas welk und schlaff in diesem Augenblick, aber das ist eine Wirkung des Brandy. — Lederkleidung und Mokassins rein nach Cooper. Kupferbraune Hautfarbe und pechschwarzes Haar, das sich frei entfaltet und ungefesselt über Hals und Nacken fällt. Bart gewiß mangelhaft, ein besonderes Merkmal der Rasse. Ein wallender Federschmuck. — Ha, wollen einmal sehen, welchem Vogel die Schwungfedern entnommen wurden!"

Mit kühnem Griff zog er eine der bemalten Adlerfedern aus dem Kopfschmuck des Indianers, um sie einer näheren Untersuchung zu unterwerfen, aber da kam er schön an. Blitzschnell sprang der Häuptling auf seine Füße, ein gewaltiger Faustschlag, und der Lord flog sich überschlagend auf die Erde.

Aber nun erhob sich ein gewaltiger Lärm. Roll und Thomas griffen nach ihren Büchsen und eilten zur Hülfe herbei. Die Prairiemänner sprangen von ihren Sitzen auf, stießen dabei Flaschen und Gläser um, fluchten auf eine schreckliche Weise, schrien nach dem Wirt, nach ihren Gewehren, die sie in der Eile nicht finden konnten und hätten in ihrem Eifer beinahe den betäubten Lord zu Tode getreten.

„Wo ist der Schuft, der hier brave, ehrliche Menschen zu Boden schlägt?" — „Greift den Hund!" — „Bratet ihn bei lebendigem Leibe, damit er weiß, was seiner dereinst in der Hölle wartet!" So schrie es bunt durcheinander, aber der Gegenstand ihrer Wut floh bereits in gewaltigen Sätzen zwischen den wenigen Blockhäusern hindurch dem nahen Walde zu.

Damals, zur Zeit unserer Geschichte, gab es viel Wald um St. Paul herum, aber wenig Hütten; denn der Ort war erst im Entstehen.

Drei, vier Schüsse krachten hinter dem Flüchtling her, aber keine Kugel traf das Ziel. Dicht am Baumdickicht blieb der Indianer stehen, hob drohend die Hand gegen die Männer und verschwand dann unter den Riesenstämmen.

„Das ist eine böse Vorbedeutung!" sagte Roll ernst.

Diese Worte schienen den Lord zum Bewußtsein zu bringen: Er richtete sich empor, sah erstaunt im Kreise umher und erhob sich dann ohne jede Erregung.

„Aber zum Teufel, wer hieß Euch den Häuptling anfassen?" rief Roll ärgerlich.

„Häuptling?" Burton lachte. „Das war kein Häuptling, mein lieber Freund!" versetzte er geringschätzig.

Roll zog die Augenbrauen hoch.

„Ihr Männer der Prairie, wer war jener entflohene Indianer?" wandte er sich an die Genossen.

„Das war der Häuptling der Sioux, die glatte Schlange genannt!" erscholl es im Chor, und einer der älteren Trapper fügte hinzu: „Die Rothaut wird die ihr zugefügte Schmach nimmer vergessen. Es ist zu bedauern, wenn solche „Grünen" übers Meer kommen und klüger sein wollen als wir. Ihr hättet den Warnungsruf des alten Roll beachten sollen, Herr," wandte er sich an den Engländer, „dann wäre Ihnen manches Böse erspart geblieben. Doch ich will kein Unglücksprophet sein."

Zweites Kapitel.

Bärenjagd. Nächtliche Störung.

Damals befand sich der Wald noch im Urzustande. Eichen, Ulmen, Platanen oder auch Sykomoren genannt, wuchsen im bunten Gemisch durcheinander und standen oft so dicht nebeneinander, daß ein Hindurchschlüpfen zur Unmöglichkeit wurde. Epheu und andere Schmarotzerpflanzen krochen an den rauhen Stämmen hinauf, verbanden Ast mit Ast und bildeten ein Gewebe, an welchem emporzuklimmen durchaus nicht schwierig war. Wilde Weinstöcke wuchsen überall. Ihre oft kerzengerade aufsteigenden Stämme durchbrechen das Blätterdach der Waldriesen und breiteten ihre Ranken auf den Kronen der Bäume aus. — Die Beeren dieses Weines sind süß und wohlschmeckend, doch fehlt ihnen die Saftmenge der europäischen Trauben. —

Die kleine Karawane, bestehend aus Roll, Thomas, Lord Burton und dem Diener Brook mit zwei wohlbepackten Handpferden, befand sich bereits seit einigen Tagen unterwegs.

Gemächlich zogen die Jäger nach Westen. Sie jagten bald hier, bald dort, blieben längere Zeit, wo es ihnen gefiel und rasteten gewöhnlich einige Stunden am Mittag, um den Pferden Zeit zum Grasen zu geben.

Roll und Thomas ritten starkknochige Tiere, der Engländer benutzte einen prächtigen Rappen, den er in St. Paul für eine hohe Summe angekauft und der ein ganz außerordentlicher Renner war.

Am Nachmittage des sechsten Tages gelangte die Kavalkade an den Rand einer Savanne. Savannen sind baumlose, Blumengärten gleichende Ebenen, deren Graswuchs ganz außerordentlich ist und Tausenden von Hirschen, Rehen und Büffeln die saftigste Nahrung spenden.

Die drei Jäger ritten vorne auf und waren eben im Begriff, die Savanne zu betreten, da schrie Brook hinter ihnen:

„Ein Bär! Ein Bär!

Ein mächtiges, zottiges Tier brach sich durch das ziemlich hohe Unterholz Bahn und nahm die Richtung nach den Jägern zu. Bis jetzt mochte es keine Ahnung von der Nähe der Menschen gehabt haben, als es aber die dröhnende Stimme des Dieners vernahm, machte es halt, richtete sich auf die Hinterbeine und glotzte mit dummem Gesicht über das Buschwerk hinweg nach den Reitern.

„Sieh' da, Freund Jonathan!" meinte Thomas lachend und griff nach der Büchse, die vor ihm quer auf dem Sattel lag. „Du kommst uns gerade recht, um uns einen trefflichen Braten zu liefern!"

„Goddam!" rief der Lord diesmal erstaunt, denn so kolossal groß hätte er sich den in der Freiheit lebenden Bären nicht gedacht. Er erhob seine höchst sauber gearbeitete Büchse, um eine Kugel nach dem Petz hinüber zu senden, doch dieser ergriff bereits die Flucht und trottete waldeinwärts.

Roll und Thomas rissen ihre Pferde herum und jagten hinter dem Flüchtling her. Der Lord selbstverständlich folgte; denn eine derartige Jagd wollte er sich nicht entgehen lassen.

Die Gegend eignete sich sehr wenig zu einer Verfolgung: Die Bäume standen gerade hier so dicht nebeneinander, daß es Mühe kostete, einen Weg zwischen die Stämme hindurch zu gewinnen. Außerdem war das Unterholz, bestehend aus Wein, Epheuranken und Hollundergebüsch oft so dicht ineinander verwachsen, daß die Reiter ausbiegen und eine günstigere Stelle für die Pferde aufsuchen mußten.

Auch dem Meister Petz oder Jonathan, wie er von den Trappern Nordamerikas mit Vorliebe tituliert wird, war die Hetz unbequem. Er brummte leise vor sich hin

und wandte wiederholt den Kopf, als wolle er sich über=
zeugen, ob ihm die gefährlichen Gegner auch näher auf
den Pelz rückten.

Endlich schien er die Verfolgung satt zu haben.
Plötzlich hielt er an, lehnte sich an den Stamm einer mäch=
tigen Sykomore und erwartete so die Feinde.

Es war drollig mit anzusehen, wie das Tier mit
den Vordertatzen spielte und dabei den mächtigen Kopf hin
und her bewegte, als sei es unzufrieden mit dem Gebahren
der Jäger.

„Seht Euch vor, Lord!" rief Roll dem Engländer
zu, der auf den Bären zuritt und nur noch wenige Schritte
von ihm entfernt war.

„Zurück, Mann, oder der Jonathan sitzt Euch, ehe
Ihr es Euch verseht, auf dem Sattel! Ein verwundeter
Bär ist keine englische Katze!"

Schon krachte Burtons Büchse. Aber mit dem Knall
fuhr die Bestie, am Hinterschenkel verwundet, wie der
Blitz auf den Schützen ein. Der Rappe, entsetzt, stieg
kerzengerade empor und machte den Versuch, über das
Untier hinwegzuspringen, aber vergeblich. Schon gruben
sich die Krallen des ergrimmten Bären in seine Brust und
rissen ihn zu Boden.

„Hölle und Teufel, sagte ich es nicht?" schrie Roll
ergrimmt und sprang aus dem Sattel. „So ein „Grüner"
hört nicht auf die Ermahnungen, die ihm klügere Männer
zukommen lassen! Nun hat er die Geschichte!"

Thomas stand bereits mit gezücktem Jagdmesser auf
dem Kampfplatze. Tief senkte er die blitzende, haarscharfe
Klinge in das Herz des Untiers und sprang dann zurück,
um dem Tatzenschlage des zur höchsten Wut entfesselten
Bären zu entgehen. Noch dreimal vollführte der kühne
Prairiejäger dasselbe Manöver, dann erst sank Petz
hintenüber, that noch einige gewaltige Zuckungen und
verendete.

Mittlerweile war auch Roll hinzugetreten und zog
den halb ohnmächtigen Lord unter dem Pferde hervor.

Außer einigen leichten Schrammen, welche der Engländer beim Sturz des Pferdes erhalten, war alles gut abgegangen, nur der Rappe, der am ganzen Leibe zitterte, trug schreckliche Wunden an der Brust.

„Goddam!" fluchte der Lord, als er sein Roß so zugerichtet sah.

„Ja, ja, schimpft nur, Ew. Herrlichkeit", beeilte sich Roll zu sagen, „Ihr habt selbst schuld, daß das arme Tier so zerfetzt ist. Warum reitet Ihr der Bestie geradezu in den Rachen und thut, als müsse sich das Vieh in Anbetracht Eurer Lordschaft in aller Gemütsruhe eine Kugel durch den Kopf jagen lassen. Wenn Ihr nicht auf die Warnungen eines alten, in der Prairie ergrauten Mannes hören wollt, so übernehme ich weiter keine Garantie für Euer Leben und erkläre den zwischen uns abgeschlossenen Kontrakt für null und nichtig!"

„Ruhig, Alter, es soll nicht wieder geschehen!" erklärte der Lord. „Doch was nun? Was machen wir mit dem Pferde?"

„Wir führen das Tier nach einem Ort in der Savenne, der sich für uns als Lagerplatz vorzüglich eignet, dem verwundeten Rappen aber Gras und saftige Kräuter in Menge darbietet!" entgegnete Roll etwas milder gestimmt.

„Übrigens wird der Gaul von jetzt ab vor jedem Raubtier scheuen und das ist nicht gut für Euch, möglichenfalls auch nicht für uns!"

Thomas hatte sich bereits an das Geschäft des Ausweidens gemacht. Er zog dem Bären die Haut ab, schnitt eine Menge Fleisch aus den Hinterkeulen und nahm auch einige Rippen heraus, die, im gebratenen Zustande, ganz vorzüglich schmecken. Alles aber lud er auf sein Pferd, das während der Arbeit seines Herrn friedlich weidete und vor dem Raubtier durchaus keine Furcht verriet.

Brook erschrak, als er hörte, in welcher Gefahr sein Herr geschwebt und die Thränen traten ihm in die Augen, als er die Wunden sah, welche der Rappe aus dem Kampfe davongetragen. Langsam zogen die Jäger vorwärts. Erst zwei Stunden später erreichten sie den Platz, den Roll vorhin erwähnt und der sich trefflich zu einem längeren Aufenthalt eignete. Es war ein sogenannter Hommok, d. h. eine fast kreisrunde Bodenvertiefung, welche einem Brunnen ähnelt und auf allen Seiten von bisweilen un= durchdringlichen Dickichten umgeben ist.

Die Hommoks liegen gewöhnlich mitten in den Sa= vannen und lassen sich mit Inseln im Meere vergleichen.

Roll entfernte zunächst den Notverband, welchen er dem Rappen des Lord gleich an Ort und Stelle angelegt, wusch die Wunden mit frischem Wasser aus, das innerhalb des Hommok aus einer Quelle hervorsprudelte und legte dann heilende Kräuter auf die arg zersetzte Brust.

Thomas dagegen grub mit seinem Jagdmesser ein tiefes, kreisrundes Loch in die Erde, zündete ein Feuer an und briet zunächst einige der Bärenrippen, später aber spannte er über die Kohlenglut das sorgfältig von Fleisch= und Fettteilen gesäuberte Fell und ließ es leicht trocknen, um so die zudringlichen Schmeißfliegen abzuhalten.

Hier im Hommok blieben die Jäger vier Tage, und während dieser Zeit heilten die Wunden des Rappen so gut, daß Roll meinte, das Tier sei schon jetzt zur Weiter= reise tauglich.

Es war in der darauf folgenden Nacht.

Lord Burton, Roll und Brook lagen in ihre Decken gehüllt und schliefen, Thomas aber saß mit der Büchse auf den Knieen am Rande des Hommoks nnd hielt Wache.

Der Mond schien klar und hell, so daß der junge Mann, welcher unbesorgt sein Pfeifchen rauchte, ganz genau zu unterscheiden vermochte, was auf der Savanne in einer Entfernung von mehreren hundert Schritten geschah.

Nach Westen zu äste ein Rudel Hirsche. Sie näherten sich langsam dem Hommok und Thomas kam die Lust an, eines der Tiere zu Boden zu schießen. Da plötzlich hob das Leittier den stolzen Kopf, sicherte gegen den Wind, der von Norden herüberwehte, und entfloh. Ihm nach setzten die Begleiter.

„Ah, das bedeutet etwas", flüsterte Thomas, verbarg seine Pfeife und zog sich in das Gebüsch zurück.

Ein dunkler Streifen markierte sich an dem Nord= himmel und bald unterschied man einzelne Gestalten neben= und hintereinander. Es waren Reiter.

„Teufel, das sind Indianer!" sagte der junge Mann bestürzt.

Er schlüpfte eilig durch die Büsche, hinein ins Lager und weckte Roll.

„Steh' auf Alter, Gefahr ist im Anzuge; Rothäute nahen."

Der Trapper fuhr blitzschnell empor und griff nach seiner Büchse.

„Binde den Pferden das Maul zu!" gebot er leise. „Wecke den Lord und Brook. Sie sollen sich ruhig ver= halten!"

Nach diesen Worten verschwand Roll in dem Gebüsch und schlich hinaus nach der Savanne. Hier warf er sich auf den Boden und beobachtete durch das hohe Gras hindurch die bereits deutlich erkennbaren Indianer.

Es waren ihrer mehr als zweihundert, beritten und wohl bewaffnet. Alle führten lange Lanzen mit sich und hatten weder Frauen noch Kinder im Gefolge.

„Es sind Chippeways!" flüsterte Roll. „Sie befinden sich auf dem Kriegspfade; aber wohin? Teufel, sie beab= sichtigen hier zu übernachten. Es sind zwar meine ehe= maligen Freunde und doch würde ich es nicht gern sehen, mit ihnen zusammenzutreffen!"

Der Reitertrupp hielt. Mehrere an der Spitze reitende Häuptlinge unterhielten sich laut miteinander und man ver= nahm deutlich ihre tiefen Kehllaute. Der eine wies meh= rere Male nach dem Hommok herüber, ein zweiter jedoch hob die Hand nach Süden.

Wohl zehn Minuten verweilte der Troß auf derselben Stelle, dann sonderten sich plötzlich zwei Reiter ab und kamen im Galopp auf Roll zu. Dieser zog sich in das Gebüsch zurück, doch so, daß er die beiden Chippeways im Auge behielt.

Dicht vor dem Gebüsch, hinter welchem der Trapper regungslos verweilte, hielten die beiden Indianer und nun erkannte Roll in dem einen von ihnen den Häuptling Falken= klau, mit dem er ehemals befreundet gewesen, in dem andern aber zu seinem größten Schrecken die glatte Schlange.

„Mein Bruder spreche jetzt!" hob der Chippeway= Häuptling an. „Meine Ohren sind geöffnet und lauschen auf die Worte meines Freundes."

Der Sioux begann sofort ohne jede Einleitung:

„Gelüstet es meinen Bruder nach prächtigen Decken, glänzenden Ringen und Perlen und nach der weithintragenden Donnerbüchse der Bleichgesichter?"

Falkenklau unterdrückte den Freudenruf, welcher auf seiner Zunge schwebte. Er hätte am liebsten sofort erklärt, daß er alle diese schönen Dinge von Herzen gern erwünsche, aber er war zu stolz, seine Leidenschaften einem Fremden gegenüber zu verraten. Auch wußte er ganz genau, daß der Siouxhäuptling, wenn er wirklich bereits im Besitz wertvoller Beutestücke war, nichts ohne eine Gegenleistung veräußerte, und in diesem Falle galt es, auf der Hut zu sein.

„Mein Bruder erzähle, wo alle diese schönen Dinge zu haben sind!" sagte er endlich und die Worte kamen ruhig und kalt über seine Lippen. „Warum zögert der Häupt= ling, die Donnerbüchsen der Bleichgesichter für seine Krieger zu gewinnen?"

Die glatte Schlange warf einen prüfenden Blick auf Falkenklau, als wolle er seine geheimsten Gedanken erraten, dann fuhr der Sioux fort:

„Mein Bruder weiß, daß die Bleichgesichter an dem großen Strom eine Menge Blockhäuser erbaut haben und daß sie darin wohnen mit Weib und Kind. Die glatte Schlange war in einem solchen Blockhause und sah die Schätze der weißen Männer; er trank auch von dem Feuer= wasser der Langmesser."

„Hugh!" stieß Falkenklau hervor. Er liebte den Brandy über alles und doch zögerte er, auf das indirekte Anerbieten des Siouxhäuptlings einzugehen, aus bestimmten Gründen, die er nur allein zu kennen glaubte.

„Die Bleichgesichter sind zahlreich und tapfer!" entgegnete er endlich.

„Die weißen Männer sind Hunde, die nur bellen, wenn sie in großen Schaaren vorhanden sind!" rief die glatte Schlange verächtlich. Er dachte mit Grimm der jüngsten Begebenheit, besonders aber jenes Engländers, der es gewagt, seinen Kopfputz zu verunglimpfen und ihn zu schänden vor den anwesenden Prairiemännern. Damals hatte er Rache geschworen und diese Rache sollte und mußte ausgeführt werden.

„Wann gedenkt mein Bruder die Bleichgesichter zu überfallen?" forschte Falkenklau.

„Meine Krieger stehen bereit!" versetzte der Sioux. „Bevor die Sonne zum zweiten Mal aufgeht, wird ihr Kriegsgeschrei ertönen!"

Der Chippeway sann lange nach, endlich entgegnete er:

„Mein Bruder höre. Falkenklau spricht nicht mit gespaltener Zunge. Er hält, was er versprochen und verachtet Hinterlist und Treulosigkeit. Die Krieger meines Stammes ziehen nach Süden, um den Wiesen-Indianern zu Hülfe zu eilen. Monde können vergehen, ehe die Chippeways zurückkehren. Will sich die glatte Schlange bis dahin gedulden? Meine jungen Krieger lieben weiche Decken, zierliche Ringe und das Feuerrohr der Bleichgesichter und werden nicht zurückstehen, wenn die Sioux gegen die Feinde der roten Männer ziehen."

Die Augen der glatten Schlange leuchteten auf. Jetzt erfuhr der Dakota-Häuptling, was er zu wissen gewünscht und ein teuflischer Gedanke bemächtigte sich seiner.

Er liebte Matotoë, die Tochter des greisen Chippeway-Häuptlings. Jetzt war die Zeit gekommen, sie ohne Gefahr für sein Leben zu rauben. Daß ihm das Mädchen gutwillig folgen würde, war nicht anzunehmen; denn bereits vor zwei Jahren hatte er sie zum Weibe begehrt, war aber höhnisch abgewiesen worden.

Diese Mißachtung und Zurücksetzung konnte er nimmer vergessen und schon lange hatte er darüber nachgegrübelt, in welcher Weise er sich an der stolzen Matotoë rächen könne. Der Zug, den er nach St. Paul beabsichtigt und an dem die Chippeways teilnehmen sollten, trat ganz in den Hintergrund bei dem Gedanken an die Möglichkeit, die Tochter Falkenklau's nun doch noch zu erringen, wenn auch auf eine unerlaubte Weise. Natürlich, um die Freundschaft des Chippeway-Häuptlings war es dann für immer ge= schehen, aber was fragte danach ein Sioux! Mochte ihn Falkenklau hassen, mochte er ihn und seine Mannen mit Krieg überziehen, wenn er — die glatte Schlange — nur seinen Zweck erreichte.

„Nun, was hat mein Bruder beschlossen?" mahnte Falkenklau, der forschend hinüber zu seinen Leuten sah.

„Die glatte Schlange wird mit dem Ueberfall so lange warten, bis sein Bruder vom Kriegspfade zurückkehrt!" versetzte der Gefragte. „Möge der Häuptling bis dahin schweigen!"

Der Chippeway verbeugte sich zustimmend, darauf wandte er sein Pferd und sprengte zu seinen Kriegern zurück. Der Sioux aber ritt langsam hinterher und ließ den Zug der Indianer an sich vorübergehen. Als der letzte der Chippeways verschwunden war, jagte er mit ver= hängten Zügeln nach Westen, wo er seine Leute zurück= gelassen.

Roll verließ jetzt seinen Beobachtungsposten und suchte das Lager auf, wo sich Thomas, Burton und Brook sofort um ihn versammelten.

Der Alte teilte den Dreien mit, was er gesehen und gehört, gab auch seine Meinung dahin ab, daß die glatte Schlange gegen die Chippeways etwas Böses im Schilde führe; denn umsonst habe nicht sein Auge aufgeleuchtet bei der Nachricht, daß Falkenklau mit dem größten Teil seiner Krieger nach Süden ziehe.

„Und woraus schließt Ihr, daß der Sioux etwas Böses im Schilde führe?" forschte der Lord.

„Ich lebte viele Jahre in den Dörfern der Chippeways", hob Roll an. „Die Rothäute behandelten mich sehr gut und schauten mit Vertrauen und Hochachtung zu mir auf. Ich nahm an allen ihren Beratungen teil und wurde eingeweiht in alle ihre Geheimnisse; denn auch der Indianer besitzt deren und weiß sie nach außen hin wohl zu wahren. Falkenklau liebte mich wie seinen Bruder und auch Matotoë hing an mir, als ob ich ihr Vater sei. Leider fand dieses trauliche Verhältnis einen jähen Abschluß, nicht durch meine Schuld, sondern durch die eines andern. Doch schweigen wir über eine Sache, die Euch gewiß nicht interessieren wird."

Roll schwieg, doch der Engländer war mit dieser Erklärung nicht zufrieden.

„Daraus geht noch immer nicht hervor, daß jener Sioux gegen Falkenklau etwas Böses vor hat", sagte er.

„Die glatte Schlange kam einigemal in die Dörfer der Chippeways", hob Roll abermals an. „Was er eigentlich wollte, erfuhr ich nur zu bald und zwar aus Matotoës Munde selbst. Die glatte Schlange bewarb sich um des Häuptlings Tochter, wurde aber von dieser, was meine Billigung fand, abgewiesen. Noch zweimal erschien der Sioux, brachte reiche Geschenke für Vater und Tochter, doch gelang es ihm nicht, das Herz der letzteren zu erweichen und ich meine, sie that wohl daran; denn die glatte Schlange besitzt keinen guten Charakter."

„Ah, nun versteh' ich!" rief der Lord. „Ihr meint, Alterchen, der Sioux könne während der Abwesenheit Falkenklau's in das Lager der Chippeways einbrechen und des Häuptlings Tochter entführen?"

Roll nickte.

„Das ist ganz meine Meinung!" versetzte er endlich. „Ich lese in dem Herzen der glatten Schlange wie in einem

Buche: Sein Sinn stand zunächst nach den Schätzen der Bleichgesichter in St. Paul. Er wollte ihre Donnerbüchsen, ihre weichen, wollenen Decken, vor allen Dingen aber ihr Feuerwasser; denn jeder Indianer liebt, fast ohne Ausnahme, den Brandy und ist glücklich, wenn er das Teufelsgetränk durch seine Kehle fließen lassen kann. — Da stieß er auf Falkenklau, sah, wie hunderte seiner Leute mit ihm nach Süden zogen, nicht in friedlicher, sondern in kriegerischer Absicht, und er machte dem Häuptling den Antrag, mit ihm nach St. Paul zu ziehen und die Bleichgesichter in ihren Wigwams zu überfallen. Ich sage Ihnen, Ew. Herr=lichkeit, dieser Antrag war nicht ernst gemeint; denn jeder mit den Gebräuchen der Indianer nur halbwegs vertraute Mensch weiß, daß die Rothäute einen einmal beschlossenen Zug nur in äußerst drängenden Verhältnissen unterbrechen, — hier aber handelte es sich um etwas sehr wichtiges, nämlich um einen Kriegszug der vereinigten Chippeways und Wiesen=Indianer. — Die glatte Schlange mochte letz=teres vielleicht schon wissen, um aber sicher zu gehen und um jeden Verdacht Falkenklau's im Keime zu ersticken, schlug er dem Chippeway ein Bündnis vor, meinend, so am besten die schwarzen Pläne seines Herzens vor dem ehrlichen Falkenklau zu verbergen. Schon morgen wird der Sioux mit seinen sämmtlichen Leuten nach den schwach besetzten Dörfern der Chippeways ziehen, morden, sengen und plündern und die arme Matotoë mit Gewalt in seinen Wigwam führen!"

„Das darf nicht sein!" rief der Lord gegen seine son=stige Gewohnheit erregt.

„Wer kann's hindern?" meinte Roll achselzuckend.

„Ich fühle mich nicht berechtigt, Falkenklau nachzulaufen und ihn in Kenntnis zu setzen von dem Vorhaben der glatten Schlange!"

„Wir werden nach den Dörfern der Chippeways ziehen und Matotoë warnen!" entschied der Lord.

„Ihr vergeßt, Herr, daß ein derartiger Fall nicht in unserm Kontrakt vorhergesehen ist!" wandte Roll ein. „Es

liegt sehr leicht die Möglichkeit vor, daß wir mit den nach=
folgenden Sioux in Kollision geraten, und daß es dann
eventuell nicht ohne Blutvergießen abgeht, das ist selbst=
verständlich!"

Der Lord lachte still vor sich hin, dann sagte er:

„Kümmert Euch nicht um das, was geschehen könnte,
Alterchen! Wir ziehen beim Grauen des nächsten Tages
nach Norden, suchen die Wohnstätten der Chippeways auf,
warnen Matotoë vor ihrem Widersacher, der glatten Schlange
und suchen sie mit unsern Büchsen zu schützen, falls die
Sioux wirklich den Versuch wagen sollten, unsere Freunde
— denn als solche sehe ich von jetzt ab die Chippeways
an — zu überfallen. — Gute Nacht!"

Er wickelte sich nach diesen Worten in seine Decke,
streckte sich auf die Erde und schloß die Augen.

Thomas, der still zugehört und durch keine Miene
verriet, was in ihm vorging, schlug lachend auf die Schulter
Rolls.

„Nun, Alter, was sagst Du jetzt?" rief er. „Wolltest
nie mehr in die Dörfer der Chippeways wandern und nun
mußt Du doch hin, wenn Du nicht mit Sr. Herrlichkeit in
Konflikt geraten willst!"

„Es ist nicht mein, sondern Gottes Wille!" versetzte
der alte Trapper mit einer gewissen Rührung. „Und ich
glaube, es ist am besten so, — thun wir doch ein gutes
Werk an Matotoë, die es uns dank wissen wird, wenn wir
sie auf die Gefahr aufmerksam machen, welche ihrer wartet.
— Doch geh', mein Junge, und lege Dich schlafen, ich
werde wachen!"

Drittes Kapitel.

Im Dorfe der Chippeways.

Früh am Morgen, nach eingenommener Mahlzeit, zogen die Jäger weiter und zwar, wie es Burton gewünscht, nach Norden.

Der Lord ahnte nicht, daß Roll die Reise zu den Dörfern der Chippeways voll banger Sorge antrat; hätte er es geahnt, dann würde er wohl schwerlich einen Zug unternommen haben, der für alle Teile mit so großen Gefahren verbunden war.

Wohlgemut setzte sich der Engländer auf den Rappen, der trotz seiner kaum zugeheilten Wunden fröhlich in den Morgen hinauswieherte und mit seinen Hufen unmutig den Boden zerstampfte, als er noch so lange warten mußte, bis die Packpferde vor ihm den Hommok verließen.

Der Weg führte quer durch die Savanne. Ueberall zeigte sich Wild: Hirsche, Rehe, auch Büffel, doch waren letztere sehr scheu und entflohen, sobald sie die Köpfe der Reiter über einer Bodenerhebung auftauchen sahen.

Heute giebt es in den Staaten unmittelbar hinter dem Mississippi keine Büffel mehr. Will man die zottigen, kolossalen Wiederkäuer jagen, so muß man weit nach Westen wandern, nach Kansas oder noch weiter hinaus, aber auch dort verringern sich die Tiere mit jedem Jahre, und nur zu bald wird der Augenblick eintreten, wo der letzte Büffel zu Boden geschossen wird.

Der Lord hätte wohl gern Jagd auf die gewaltigen Tiere gemacht, aber Roll gab zu bedenken, daß jeder Augenblick Zögerung für Matotoë verhängnisvoll werden könne, und dieser Hinweis besiegte den Feuereifer Burtons.

Erst nach mehreren Tagen nahte sich die kleine Karawane dem Dorfe der Chippeways.

Das Dorf selbst lag an dem hier schmalen Mississippi mitten im Walde, doch hatten die Indianer in einem Umkreise von wohl hundert Schritten den Urwald abgeholzt, um wohlweislich jedem Angriffe fremder, feindlicher Schaaren zu begegnen oder doch zum wenigsten ein heimliches Anschleichen zu verhindern.

Die Hütten, pyramidal geformt, waren fest und dauerhaft gebaut und vollkommen groß genug, um einer selbst zahlreichen Familie Raum zu gewähren. Zwischen den Wohnungen hatte man Bäume und Sträucher stehen lassen, einmal um die heißen Sonnenstrahlen während der Sommerzeit zurückzuhalten, dann aber auch, um bei einem etwaigen Ueberfall vor den feindlichen Geschossen geschützt zu sein.

Der Lord, der alles genau beobachtete, was um ihn her vorging, schüttelte den Kopf.

„Die Herren Rothäute scheinen mir recht sorglos in den Tag hineinzuleben!" sagte er. „Kein lebendes Wesen regt sich, und ich glaubte immer, sie müßten zu Dutzenden auf flinken Rossen ihr Lager umkreisen und jedes unbefugte Betreten desselben zu verhindern suchen. Oder sollten sie gar schlafen? Früh genug ist es noch; die Sonne wird kaum über dem Horizont emporgestiegen sein."

Thomas lachte.

„Ihr irrt Euch, Herr!" sagte er mit einer Art Mitleid. „Schon ehe wir den Wald verließen und diese künstlich angelegte Lichtung betraten, waren wir von Spähern umgeben. Hinter jedem Gebüsch liegt ein Chippeway und die drinnen im Dorfe wissen schon jetzt ganz genau, was für Waffen wir führen und wes Geistes Kinder wir sind!"

„Goddam, das glaube, wer da will, nur ich nicht!" entgegnete der Lord. „Ich sah weder einen Krieger noch erblicke ich jetzt ein Wesen, was man Mensch nennen könnte. Nur ein paar spitzschnäuzige Hunde treiben sich zwischen den Hütten umher. Ich denke, mit fünfzig, höchstens hundert Mann könnte man das ganze Dorf im

Handumdrehen und fast ohne jeden Schwertstreich ein=
nehmen!"

Roll hielt sein Pferd an, schlug an seine Büchse und
rief einige fremd klingende Worte in den Wald zurück, den
die Jäger soeben verlassen. Da teilten sich die Büsche und
ein vollständig bewaffneter Indianer erschien. Er lehnte
sich auf den Schaft seiner Lanze und wartete geduldig, bis
man ihn anreden würde.

„Goddam!" fluchte der Lord und griff unwillkürlich
nach seiner Büchse.

„Nun, was habe ich Euch gesagt, Herr!" rief Thomas
triumphierend. „Wäret Ihr mit Euren hundert Mann in
feindlicher Absicht hierhergekommen, so wäre die Geschichte
für alle Teilnehmer übel abgelaufen. Doch hören wir,
was uns der Späher für Aussichten eröffnen wird."

Roll sah sich den Krieger eine Weile an, dann be=
gann er:

„Du bist Antilope, ich kenne Dich. Wir kommen in
friedlicher Absicht und zum Wohle Deines Stammes.
Werden uns die Sachem in der Beratungshütte empfangen?"

„Antilope wird fragen!" entgegnete der Indianer, ging
über die Lichtung und verschwand zwischen den Hütten.
Erst nach einer Viertelstunde kehrte er zurück, warf aber
keinen Blick auf die Jäger, sondern sagte nur:

„Die Sachem sind in der Beratungshütte versammelt!"

„Hast Du sonst weiter keine Nachricht für mich, Anti=
lope?" forschte der Alte und Thomas bemerkte, wie die
Hand, welche den Zügel des Pferdes hielt, leise zitterte.

Der Chippeway wandte sich ab, doch im nächsten Augen=
blick versetzte er:

„Mein Vater sehe sich vor. Die Sachems sprechen
nicht gut von Treuhand!"

Er verschwand nach diesen Worten im Walde.

„Ich dachte es!" flüsterte Roll. „Doch so Gott will!"

Er trieb nach diesen Worten sein Pferd an und
sprengte in das Dorf hinein. Ihm nach jagten die
Gefährten.

Hier und da schlug ein Hund an, auch wurden an verschiedenen Hütten die Thürvorhänge beiseite geschoben, um blitzenden Augenpaaren freie Ausschau zu gewähren.

Auf einem freien Platz hielt Roll sein Pferd an und sprang aus dem Sattel. Thomas und Burton folgten seinem Beispiel, letzterer mit dem Befehl an Brook, ja auf die Tiere zu achten und besondere Vorsicht gegen die Einwohner zu beobachten.

Die drei Jäger waren eben im Begriff, nach der Beratungshütte zu gehen, da stürzte eine Indianerin herzu und stellte sich dicht vor Roll.

„Ist Treuhand endlich da, um sein Wort einzulösen?" rief sie und ihre glühenden Augen schienen den Alten verschlingen zu wollen.

„Ich habe mein Wort bereits eingelöst!" entgegnete der Trapper ruhig und legte beide Hände auf die Mündung seiner Büchse.

Das Weib stieß einen Laut des Unwillens hervor, dann ergriff es krampfhaft den Arm des Jägers.

„Treuhand lügt!" rief sie. „Die Hütte der Grille steht noch heute leer und die Pappuse schreien nach Fleisch. Niemand schießt für sie das Wild und niemand bekleidet sie mit der Haut des Hirsches und Büffels! Sie hungern, wenn die Sonne heiß herniederbrennt und sie frieren, wenn der Schnee die Erde bedeckt!"

Sie zerrte heftig an dem Lederwams des Alten, doch dieser schob die Hand des Weibes zurück und entgegnete:

„Eben Du sprichst die Unwahrheit, Grille. Deine beiden Söhne sind keine Pappuse mehr; sie sind zu stattlichen Kriegern herangewachsen, jagen den Büffel und Hirsch und füllen Deine Hütte mit Fleisch. Ich sah sie vor kaum einer halben Stunde und freute mich ihrer! Geh' und störe uns nicht; wir sind verhängnisvolle Boten für Dich und Dein Volk."

Die Indianerin stieß heftige Verwünschungen aus, hob drohend die Hand gegen die Männer und stürzte dann nach ihrer Hütte zurück.

„Gobbam, was will das Weib?" rief der Lord ver=
wundert. „Was hat sie gegen Euch und gegen uns, daß
sie drohend die Hand erhebt?"

„Ihr werdet es drinnen erfahren!" entgegnete Roll be=
kümmert.

Er schritt hastig nach der Beratungshütte, schob den
Vorhang der Thür zurück und trat, gefolgt von den Ge=
fährten, in das Innere des ansehnlichen, von Fackeln düster
erleuchteten Raumes.

Gegen zwanzig der angesehensten und tapfersten Krieger
saßen mit gekreuzten Beinen auf der Erde und starrten
schweigend und scheinbar teilnahmlos vor sich hin. Keiner
der Männer erhob den Kopf, als die Jäger eintraten, nur
der Oberhäuptling, ein Greis von 80 Jahren und darüber
lud durch eine Handbewegung die Gäste zum Sitzen ein.

Alle Rothäute trugen die Mahch=Akoub=Hachfa, d. h.
eine Federmütze, mit welcher sich nur diejenigen Krieger
schmücken dürfen, welche in früheren Siegen zahlreiche
Skalpe erbeutet haben. Einige der Männer trugen über
die Schulter geschlungen Mato=Unk=Nappinda oder Hals=
bänder, die aus zehn Centimeter langen an der Spitze
weißlichen Klauen des grauen Bären zusammengesetzt waren.
Ganz außerordentlich reich gekleidet zeigte sich der Ober=
häuptling, der blaue Fuchs genannt. Er trug einen Mantel
von weißem Bisamfell, dessen innere Seite, rot gefärbt,
Darstellungen der Heldenthaten des Trägers enthielt und
von den Stammgenossen als etwas ganz Vorzügliches ange=
staunt wurde. —

Nachdem die Friedenspfeife unter sämmtlichen Anwe=
senden die Runde gemacht, — eine Sitte, die dem Engländer
höchst lächerlich erschien — erhob sich Roll von seinem
Platze und begann:

„Ihr, Sachem vom Stamme der Chippeways! Ihr
wißt, daß Treuhand seinen Namen mit Recht verdiente;
denn er war immer offen und ehrlich und vergalt die
Wohltaten, die Ihr ihm erwieset, mit Liebe und Dankbar=
keit. Kein doppelsinniges Wort kam jemals über seine

Lippen und was er sagte, das konnte als Wahrheit gelten. — Er lebte viele Jahre unter Euch, fühlte sich wohl und glücklich und sehnte sich nicht hinaus zu seinen weißen Brüdern!"

Hier machte der Trapper eine Pause und ließ seinen Blick über die Versammlung schweifen, aber überall traf er auf ernste, strenge Gesichter. Die Indianer saßen da regungslos, scheinbar ohne Gefühl, ohne Leben und doch dachten sie tief nach über das eben Gehörte.

Nach einiger Zeit fuhr Roll fort:

„In den letzten Jahren meines Aufenthaltes unter Euch zog eine dunkle Wolke über unsere Freundschaft. Ihr wißt, daß ich das Unglück hatte, einen Eurer Häuptlinge zu erschießen und wenn es auch ein böser Irrtum war, der hier mitspielte, so hat dieser Fall doch dazu beigetragen, unsere bisher so feste Freundschaft zu erschüttern und Zwietracht unter uns zu säen. Ich habe ja für die Witwe des Häuptlings und deren Pappuse nach Kräften Sorge getragen, aber meine Gattin, wie Ihr wolltet, konnte sie nicht sein, ich wäre sonst ewig unglücklich gewesen. Rechnet daher meine Flucht von Euch nicht so hoch an und verzeiht mir eine That, die, ich weiß es, Euch noch heute empört und die Bande zu zerreißen droht, die mich an Euch fesseln!"

„Wie thöricht von dem Alten, gerade jetzt auf die Vergangenheit anzuspielen!" dachte der Lord, der, wenn er die prächtig geschmückten Krieger der Runde betrachtete, unwillkürlich Achtung für die roten Männer empfand, aber sich auch nicht verhehlte, daß sie jede ihnen zugefügte Schmach rächen würden.

„Ich hätte fern bleiben können," gab Roll zu bedenken, „aber ich that es nicht und zwar aus zwei Gründen: Erstens sollte die schwarze Wolke zwischen Euch und mir entfernt werden und zweitens — daran mögt Ihr meine Liebe zu Euch erkennen — wollte ich nicht Euer Verderben. Wir sind gekommen, Euch zu warnen vor den treulosen Sioux und nötigenfalls mit Euch zu kämpfen und zu siegen!"

Jetzt kam Leben in die bronzenen Gestalten. Alle erhoben wie mit einem Zauberschlage die Köpfe und blickten fragend auf den Trapper.

„Was meint Treuhand mit den letzten Worten?" rief hier der blaue Fuchs.

Roll erzählte, was er und seine Freunde von dem Hommok aus gesehen und gehört. Er verschwieg nicht das Gebaren der glatten Schlange bei der Unterredung mit Falkenklau und gab die Gründe an, welche darauf hin= wiesen, daß der Sioux schändliche Pläne in seinem Busen berge und darauf hinausgehe, nicht allein Matotoë zu rauben, sondern auch den Chippeways eine schmähliche Niederlage zu bereiten.

„Alles das bewog uns," fuhr er fort, „unsere Jagd abzubrechen und in Eilmärschen hierher zu ziehen. Wir sind vier tapfere Männer, die es verdienen, von Euch als Freunde behandelt zu werden und die nicht anstehen werden, ihr Blut für Euch dahin zu geben. Ich habe gesprochen!"

Es floß viel Eigenlob aus dem Munde des Trappers, aber er wußte ganz genau, wie man die roten Männer zu behandeln habe. Deshalb war auch die Wirkung seiner Rede eine zündende. Laute Beifallsäußerungen ertönten und es war kein Wunder, wenn der Oberhäuptling seine nun folgende Erwiderung mit folgenden Worten schloß:

„Der bleiche Jäger ist unser Bruder auch jetzt noch. Wir ehren die Gefühle seines Herzens und haben weder Tadel noch Rache für ihn. Sein Arm ist stark und seine Zunge ist wahr und nicht gespalten. Er steht bei dem Volke der Chippeways im großen Ansehen. Treuhand ist uns willkommen. Seine weißen Brüder sind auch unsere Brüder und ihr Anerbieten, uns gegen unsere Feinde zu helfen, erfüllt uns mit großer Freude!"

Das Beratungsfeuer wurde ausgelöscht und die Sitzung war geschlossen. Alle begaben sich hinaus ins Freie, um draußen zu verkündigen, was geschehen sei und was in nächster Zeit Gefahrdrohendes hereinbrechen werde.

Der Oberhäuptling ging an der Seite Rolls und führte ihn und seine Freunde nach seiner eigenen Hütte, um sie höchst eigenhändig zu bewirten.

Im Dorfe herrschte eine rege Thätigkeit. Hornsignale riefen die auf die Jagd hinausgezogenen Krieger zurück, um sie von dem Stand der Dinge zu benachrichtigen. Verhaue wurden zwischen den einzelnen Hütten aufgeführt, Gräben aufgeworfen, um den andringenden Feind zum wenigsten momentan aufzuhalten, Waffen bereit gehalten, kurz alles gethan, um die Eroberung des Dorfes zur Unmöglichkeit zu machen.

Viertes Kapitel.

Der Ueberfall.

Einige englische Meilen von dem Chippeway-Dorfe entfernt lagerten auf einer Lichtung mitten im Walde eine Bande Indianer. Es waren etwa zweihundert und fünfzig Sioux oder Dakota (wie sie sich mit Vorliebe zu nennen pflegen) und zwar unter der alleinigen Führung ihres Sachem, der glatten Schlange. Der Häuptling wollte die Nacht erwarten und dann den Ueberfall des Chippeway-Dorfes vollführen.

Die meisten der Rothäute lagen oder saßen unter den altehrwürdigen Waldbäumen, ruhten ihre Glieder von dem langen Ritte aus, verzehrten nebenbei eine Menge Büffelfleisch und rauchten aus ihren kleinen Serpentinpfeifen, von denen jeder Krieger ein Exemplar, in einem Beutel verborgen, mit sich führt.

Es waren kräftige, trotzige Gestalten, die Dakotas, mit langen, schwarzen Haaren, welche entweder zu beiden Seiten des Kopfes in schmal geflochtenen Zöpfen über die Achsel herabfielen oder bis auf ein Schöpfchen über der Stirn kurz abgeschnitten waren. Die Gesichter dieser Natur= menschen sehen scheußlich aus: Unerklärliche, bizarre Figuren von gelber, schwarzer, grüner, besonders aber roter Farbe verunzierten die nicht unschön gebildeten Köpfe und gaben ihnen etwas Teuflisches.

Die Kleidung der Krieger bestand aus enganschließen= den Hosen von rotem Tuche, aus deren Nähten hin und wieder Menschenhaare hervorragten. Die Mokassins waren aus Hirschleder gearbeitet. Fast alle Indianer trugen weiße oder grellrote Decken um ihre Schultern oder weich gegerbte Büffelfelle.

Abseits von der Menge, an den Stamm eines mäch= tigen Hikorybaumes gelehnt, saß der Häuptling. Er hatte den ganzen Tag keine Nahrung zu sich genommen und auch jetzt lehnte er die saftigen Fleischstücke ab, die ihm einer seiner Untergebenen präsentierte. Er starrte vor sich hin und schien auf nichts zu achten, was um ihn her vorging. Vielleicht schwelgte er schon jetzt in dem Blute, das nun bald fließen sollte: Um des Häuptlings Tochter zu erhalten, mußten möglichenfalls Hunderte von unschuldigen Kriegern ihr Leben dahingeben. Aber was kümmerte das ihn, wenn er nur sein Ziel erreichte. —

Die Sonne neigte sich stark dem westlichen Horizonte zu und dann verschwand sie endlich. Dunkelheit lagerte sich auf die Erde. Die hungrigen Bestien verließen ihre Schlupfwinkel, die Vögel dagegen, den Kropf gefüllt, suchten die Tiefen der Baumkronen auf.

Da erhob sich der Häuptling und sofort löschten die Krieger die wenigen Feuer aus, bestiegen ihre Pferde und zogen geräuschlos nach Norden. Eine Menge Läufer eilte dem Gros voran, Schutzwachen flankierten die Seiten, um einer eventuellen Ueberrumpelung vorzubeugen. Der Fall war zwar kaum denkbar, aber die glatte Schlange ließ keine Vorsicht außer acht.

Der Häuptling ritt vorne auf. In sich zusammenge= sunken saß er auf dem Pferde. Träumte er? Nein, er lauschte angestrengt in die Nacht hinaus. Kein noch so leises Geräusch entging seinem scharfen Ohr: Das Geschrei des Uhus, das Gebell der Wölfe, selbst das Zischen der aufgeschreckten Schlangen blieb nicht unbeachtet, hing doch von seiner Führung das Leben vieler tapferer Krieger ab.

Der Zug war in die Nähe des feindlichen Lagers gekommen, da brachten Späher einen gefangenen Chippeway herbeigeschleppt. Die arme Rothaut war schrecklich zugerichtet; aus der einen Schulter rann das Blut in großen Tropfen herab.

Die glatte Schlange hielt sein Pferd an und sprach einige Worte zu dem Gefangenen:

„Will mir mein Bruder sagen, wieviel Krieger sich in seinem Dorfe befinden?"

Der Chippeway biß die Zähne zusammen und schwieg. Kein Laut kam über seine Lippen.

„Mein Bruder weigert sich, dem Sachem der Dakota Auskunft zu geben," fuhr der Häuptling fort. „Er denkt nicht an den Skalp, den er verlieren kann!"

„Die Sioux sind schleichende Wölfe!" rief jetzt der Chippeway. „Die Antilope verachtet sie und spottet ihrer Drohung!"

„Wir werden sehen!" entgegnete der Häuptling, dann befahl er, den Gefangenen nach hinten zu bringen und gut zu bewachen.

Bis jetzt war für die Angreifer alles glatt verlaufen. Kein weiterer Feind wurde bemerkt, die Chippeways besaßen also keine Ahnung von der drohenden Gefahr, welche gegen sie heranzog, so glaubte der Häuptling und so glaubten auch sämtliche Sioux. Sie wußten nicht, daß Treuhand bereits die Kunde von ihrer Ankunft in das Dorf getragen hatte und daß die Chippeways auf ihrer Hut waren.

Jetzt galt es, unbemerkt über die Lichtung zu kommen, aber die glatte Schlange wußte Rat. Die Hälfte seiner Leute mußte absitzen, die Pferde zurücklassen und nun nach Schlangenart über den freien Platz kriechen. Er selbst, mit dem Rest der Krieger, blieb zurück, um im geeigneten Augenblick nach verabredetem Signal hervorzubrechen. — —

Kehren wir jetzt zu unsern Freunden zurück, die von der Annäherung der Feinde unterrichtet, bereits auf ihren Posten standen.

Die von den Spähern im Laufe des Abends über=brachten Nachrichten von der Stärke der Sioux lauteten nicht günstig, selbst Roll war überrascht. Er hatte unge=fähr hundert Feinde erwartet und dann wäre es ein Leichtes gewesen, die hinterlistigen Rothäute in die Flucht zu schlagen. Einer so starken feindlichen Macht konnten die Chippeways auf die Länge der Zeit kaum Stand halten.

Der alte Trapper gab dem blauen Fuchs wiederholt den Rat, die Frauen und Kinder durch einige Krieger nach Norden zu führen zu einer Felsengruppe, die hart am Flusse lag und die vollkommene Sicherheit gewährte, — aber der Häuptling wollte nichts davon wissen, weil er die Gefahr für die Dorfinsassen nicht so groß hielt, und die Weiber selbst protestierten dagegen.

Später, als Läufer nach Läufer anlangten und die Anzahl der Feinde auf ungefähr dreihundert schätzten, hätte der blaue Fuchs den Rat des alten Trappers gern befolgt, aber nun war es zu spät dazu. Er ließ Weiber und Kinder nach der Beratungshütte bringen und gab ihnen — mehr Krieger konnte er nicht entbehren — eine Schutzwache von zehn Mann mit.

Thomas schloß sich dieser kleinen Verteidigungsmann=schaft auf Bitten seines Freundes Roll an. Er hatte ver=sprechen müssen, bei hereinbrechender Gefahr Matotoë zu retten und jede Rücksicht auf seine Kampfgenossen oder auf andere weibliche Personen ganz außer Acht zu lassen.

„Solltest Du erfahren", so hatte ihm Treuhand mit aller Entschiedenheit erklärt, „daß ich, oder der Engländer oder sonst jemand, dem Du unter andern Umständen bei=zuspringen nicht unterlassen würdest, in Gefahr oder gar schon in Gefangenschaft sei, — so kümmere Dich um nichts, sondern verfolge Deinen eigenen Weg. Matotoë muß unter jeder Bedingung gerettet werden. Nimm, um schneller fort zu kommen, des Engländers Rappe; denn das Tier ist flink und ausdauernd und vermag Dich und das Mädchen zu tragen. — Wenn alles gut geht, dann sehen wir uns nördlich bei der Felsenpartie wieder!"

„Aber was wird aus dem Lord?" hatte Thomas dem sonderbaren Alten darauf entgegnet.

„Unser Kontrakt, so hat mir der brave Kerl, dem wir beide im Stillen manches abbitten müssen, erklärt, ist während der Dauer des Kampfes außer Kraft gesetzt. Bleibt er am Leben und ich behalte meinen Balg und meine Büchse, dann bring' ich Se. Herrlichkeit natürlich mit nach der Felsenpartie. Und nun leb' wohl, mein Junge!"

Das war der Abschied des Alten von seinem bisherigen treuen Lebensgefährten gewesen. Nun stand er neben dem blauen Fuchs hinter einem hohen Gebüsch auf der Südseite des Dorfes und wartete mit scheinbarer Ruhe auf die An= kunft der Feinde. Hinter beiden, an den Stamm einer Eiche gelehnt, verweilte der Lord und zu dessen Füßen kauerte sein Diener Brook, der die abgeschossenen Gewehre mit Posten und gehacktem Blei zu laden hatte.

Drüben auf der Ostseite des Dorfes kommandierte der „zottige Büffel", ein junger Häuptling, dessen Mut und Thatkraft allgemein bekannt war und unter dessen Befehl etwa dreißig Krieger standen, alles erprobte und kampf= gewohnte Männer, die vor Begierde brannten, sich mit den heimtückischen Feinden zu messen.

Mitternacht war längst vorüber, da legte Roll seine Hand auf den Arm des alten Sachem.

„Sie kommen!" flüsterte er. „Siehst Du die dunklen Punkte auf der Lichtung? Das sind die Schufte, die ohne jede Veranlassung und ohne jede vorherige Kriegserklärung in unser bisher so friedliches Dorf die Brandfackel zu schleudern gedenken. Manitu schütze uns vor den Böse= wichtern!"

Er hob vorsichtig die Büchse. Ihr Knall sollte das Zeichen zum Beginn des Kampfes geben.

Immer näher rückten die dunklen Punkte, die sich mehr und mehr vergrößerten und jeden Augenblick die Richtung veränderten, eine Vorsicht, welche anschleichende Indianer stets zu beobachten pflegen.

Da krachte Noll's Gewehr und die Ladung, bestehend aus Bleistücken, fuhr prasselnd unter die Feinde. Drei derselben blieben sofort liegen, um nie mehr aufzustehen.

Aber nun erhob sich ein ungeheurer Spektakel. Die Sioux, überrascht, so bald entdeckt zu sein, und erschrocken über den Knall der feuerspeienden „Donnerbüchse", sprangen empor und stießen ein ohrbetäubendes Wutgeschrei aus, welches von den Chippeways auf allen Seiten des Dorfes beantwortet wurde.

Damit war der üblichen Form Genüge geschehen und nun begann ein Kampf Mann gegen Mann, ein Kampf auf Leben und Tod: Pfeile flogen schwirrend von der Sehne, Wurfspeere durchsausten die Luft, um sich totbringend in den nackten Körper des Freundes oder Feindes zu versenken und Tomahawks (spr. Tomahack) fuhren klirrend gegen einander. Dazwischen knallten die Büchsen der Weißen, eine verheerende Wirkung ausübend.

Da vernahm man den Ton eines Büffelhorns und nun dröhnte der Boden unter den Rosseshufen der heransprengenden Sioux, die ihr Kriegsschrei siegesgewiß in die Nacht hineinschrieen.

Das war ein gefährlicher Anprall. Die Chippeways konnten sich dieses gewaltigen Angriffes nur mit Mühe erwehren.

Der zottige Büffel schien überall zu sein: Bald ertönte hier, bald dort sein Schlachtruf und ihm sekundierten die Krieger seines Stammes von Mut und Hoffnung beseelt.

„Goddam!" fluchte der Lord. „Die Schurken halten unseren Büchsen nicht Stand. Seht doch, Alter, wie sie davonlaufen!"

Er schoß sein Gewehr ab und einer der kühnsten Sioux, welche mit ihren Pferden die künstlich durchflochtenen Gebüsche zu durchbrechen versuchten, stürzte aus dem Sattel und blieb, den Kopf nach unten, in dem Gesträuch hängen. Eine zweite Ladung aus der Büchse Rolls hatte noch mehr Erfolg: Drei der Feinde, dicht aneinander gedrängt, sanken schwer verwundet zu Boden.

Der Lord war soeben im Begriff, das ihm von Brook überreichte Gewehr zu benutzen, da traf sein Blick zufällig die Wasserfläche des Mississippi.

„Goddam, was ist das?" rief er dem Trapper zu. „Sind das Enten oder andere Schwimmvögel?"

Roll fuhr wie der Blitz nach der bezeichneten Stelle herum.

„Enten? Teufel, das sind Siouxköpfe, fünf, zehn, fünfzehn! Die Bande hat sich im Wasser herangeschlichen!"

Er schrie es mit heiserer Stimme und stürzte nach der gefahrdrohenden Stelle.

„Chippeways, hierher oder der Feind sitzt in wenigen Minuten zwischen Euch!"

Der Lord eilte hinzu, ebenso acht bis zehn der be= freundeten Rothäute; aber schon hatten zwanzig Sioux das Flußbett verlassen und stürzten sich nun, ein Triumphgeschrei ausstoßend, zwischen die hier unbefestigten Hütten.

Auf der Ostseite tobte der Kampf in ungeschwächter Wut fort. Sieges= und Schmerzensschreie vermischten sich mit einander, und dazwischen ertönten die Zurufe der An= führer. — Die Pferde der Chippeways, um die Beratungs= hütte her befestigt, wieherten und stampften voller Angst den Boden. Die Hunde bellten und stürzten sich wütend auf die Feinde, die mehr und mehr an Terrain gewannen. Und über das alles stieg jetzt der Mond auf und beleuchtete die blutgetränkte Stätte

Roll, Burton und die wenigen Chippeways hatten nicht vermocht, die Sioux aufzuhalten. Wohl erlagen sechs bis acht Feinde dem Schnellfeuer der Weißen, die übrigen aber verschwanden zwischen den Hütten, um hinterrücks etwas zu thun, was die Verwirrung nur noch steigern mußte.

Plötzlich flammten inmitten des Dorfes da und dort
Feuersäulen auf und nun trat ein, was der alte Trapper
schon längst befürchtet hatte: Die Chippeways erhoben ein
Klagegeschrei, die Weiber in der Beratungshütte schrieen
zu Manitu, die Pferde, von den Flammen erschreckt, zerrten
wild an den Banden, und viele rissen sich los, um im
rasenden Galopp von bannen zu jagen. Kurz, es entstand
ein Wirrwar und eine Mutlosigkeit unter den Chippeways,
die jeder Beschreibung spottete und das traurige Geschick
der armen Dorfbewohner besiegen mußte.

Von der Flußseite her drangen immer mehr Feinde
vor. Der blaue Fuchs, die gefährliche Situation über=
schauend, rief so viel Krieger herbei, als er nur in der
Eile aufzutreiben vermochte und stürzte sich auf die bereits
siegestrunkenen Sioux. Ein schrecklicher Kampf entspann
sich zwischen den Hütten.

Der blaue Fuchs sank mit zerschmettertem Schädel zu
Boden, drei, vier Chippeways, die ihren Sachem zu rächen
trachteten, fielen unter den Tomahawkstreichen der kein Er=
barmen kennenden Feinde. — Der Lord hatte seine sämt=
lichen Gewehre abgeschossen, und nun stellte er sein Feuern
ein, denn Brook, sein Lademeister, lag mit durchbohrter
Brust auf der Erde.

Zehn nackte, braune Arme streckten sich nach dem
Engländer aus, um ihn gefangen zu nehmen; denn die
glatte Schlange, von der Anwesenheit Treuhands und
Burtons unterrichtet, hatte befohlen, beide Weiße unverletzt
dem Kampfe zu entreißen und nach dem nahen Walde zu
transportieren. Aus Besorgnis für die beiden Männer
hatte er den Befehl gewiß nicht gegeben. Was er eigentlich
bezweckte, werden wir später sehen.

Der Lord wehrte sich mit Löwenmut.

„Weg, Ihr Malefizbuben, oder ich zerschmettere Euch
alle Knochen im Leibe!" rief er und ließ seine Büchse, die
er am Laufe erfaßt hatte, auf die Köpfe der Anstürmenden
fallen. Aber was vermochte er gegen die Übermacht! In
kurzer Zeit war er entwaffnet und gefesselt.

In diesem Augenblick stürzte der Trapper herzu.

„Burton, wo seid Ihr?" schrie er schon von weitem.
„Bei Gott, ich komme zu spät!"

Eine namenlose Wut erfaßte den sonst so ruhigen Mann. Er gebrauchte seine Flinte als Keule, zerschmetterte dem nächsten Feinde die Hirnschale, stieß mit dem Kolben einem zweiten den Brustkasten ein und hätte wohl noch manchem Sioux das Lebenslicht ausgeblasen, wenn er nicht unglücklicher Weise über den Körper eines erschlagenen Chippeway gestolpert wäre.

Dieser Umstand entschied auch über sein Geschick. Ein Dutzend Feinde fielen über ihn her und machten ihn zum Gefangenen. — —

Im Osten des Dorfes dauerte zwar der Kampf noch fort, doch neigte sich der Sieg mehr und mehr den Dakotas zu. Schritt vor Schritt zog sich der zottige Büffel mit seinen Leuten zurück, der Beratungshütte zu, um hier, wie er meinte, im Verein mit den weißen Freunden und den noch lebenden Stammesgenossen den letzten Kampf, den Todeskampf auszukämpfen. Er fühlte, es war alles verloren und keine Hoffnung mehr auf ein glückliches Ende.

Da ertönte von der Beratungshütte her ein lautes Wehklagen der Weiber und Kinder. Den Sioux war es gelungen, Feuerbrände auf das Heiligtum zu werfen und nun schlug die Lohe da und dort auf und verzehrte in kurzer Zeit die leichte Bedachung.

„Manitu zürnt den Chippeways!" schrie der zottige Büffel auf, und dann eilte er mit den wenigen noch übrig gebliebenen Kriegern dem Orte des Schreckens zu. Vergebens seine schwache Hülfe! Die Feinde mordeten bereits unter den gebrechlichen Greisen und wehrlosen Weibern und jauchzten in wilder Lust.

Doch werfen wir einen Schleier über das blutige Gemälde, das Zeugnis ablegt von der unbezähmbaren Wildheit der Ureinwohner Nordamerikas. Jene immerwährenden Kriege roher Indianerhorden, hervorgerufen durch Neid, Haß, Zwietracht, führten den Ruin der roten Volksrasse herbei

und machten sie unempfänglich für die gesegnete Kultur
weißer Männer. —

Gegen Morgen erst endete der schreckliche Kampf.
Kaum zwanzig Chippeways, Männern und Weibern, gelang
es, den schützenden Wald im Norden zu erreichen, die
übrigen alle, wohl an zweihundert Personen beiderlei Ge=
schlechts lagen gräßlich verstümmelt und ihrer Skalpe beraubt
unter Schutt und Trümmern.

Fünftes Kapitel.

Am Marterpfahl.

Hell und klar erschien die Sonne am wolkenlosen Fir=
mament. Die Vögel schlüpften aus ihren nächtlichen
Schlupfwinkeln und schmetterten ihre lustigen Weisen jubelnd
zum Morgenhimmel empor. Die blaue Dohle stieß gellende
Rufe aus, die Walddrossel begann ihren weichen Gesang,
der Spottvogel aber, oder die amerikanische Nachtigall,
übertönte alle anderen Fittigträger durch die bezaubernden
Melodien, die selbst das Ohr eines stumpfsinnigen Indianers
entzücken und ihn aufhorchen machen, wenn er lässig daheim
in seiner Hütte liegt.

Oben in der Luft kreisten eine Menge Aasgeier. Sie
witterten das Blut da unten zwischen den Ruinen des
Chippeway=Dorfes und waren begierig nach dem Fleische
der Erschlagenen, die unbeerdigt in der Sonne dörrten.
Noch wagten die gefräßigen Vögel nicht, herabzusteigen;
denn zwischen den verkohlten und noch stellenweise rauchen=
den Hütten trieben sich beutegierige Sioux umher. Mit
kaum merklichen Flügelschlägen zogen die Geier hin über
die Stätte des Unglücks und stießen von Zeit zu Zeit un=
melodische Töne aus.

Hungrige Wölfe umkreisten bereits den Totenplatz. Feige wichen sie den Menschen aus, aber hier und da sah man einige der Bestien an den blutigen, entstellten Menschenkadavern herumnagen.

Am Waldesrande westlich vom Missisippi lagerten die Sieger. Sie hatten große Verluste erlitten, aber doch waren sie immerhin noch stark genug, um einem etwa erscheinenden Unterstützungskorps der Chippeways Stand zu halten.

Viele von den Sioux ruhten auf der Erde; sie waren müde von dem gewaltigen Kampfe der Nacht und verschmähten sogar das sonst so beliebte Büffelfleisch, das einige der Kameraden geschäftig am helllodernden Feuer brieten. Andere dagegen trieben sich unten im Thale zwischen den Ruinen umher, stießen die verkohlten Balken der einzelnen Hütten auseinander und suchten nach verborgenen Schmuck- und Wertsachen.

Auf der Wiesenniederung des Mississippi weideten mehrere hundert Pferde. Die Tiere gehörten teils den Dakotas, teils den geschlagenen Chippeways und wurden daher von Indianern sorgfältig bewacht, um ein Zerstreuen der Rosse, namentlich der Beutepferde, zu verhindern.

Hinter dem Lager, an Bäume gebunden, standen Roll, der Lord und der zottige Büffel. Auch letzterer war bei dem letzten Kampfe um die Beratungshütte in die Gefangenschaft der Sioux geraten trotz verzweifelter Gegenwehr.

Stolz erhobenen Hauptes stand der Häuptling da. Er achtete der gewiß schmerzhaften Wunden nicht, die ihm feindliche Tomahawks geschlagen. Er blickte unverwandt hinüber nach der Stelle, wo vor wenigen Stunden noch sein Heimatdorf gestanden und vergaß dabei die drückende Lage, in welcher er sich befand.

Der Engländer bewahrte auch hier seine unerschütterliche Ruhe und schaute mit einer Art Verwunderung auf das bunte Leben und Treiben vor sich im Indianerlager.

Roll vergaß nicht, die ihm noch freie Zeit zu seinem Nutzen und zu dem des Engländers auszubeuten: Er zählte

7*

die Feinde, die Pferde, merkte sich die einzelnen Punkte des Lagers, die Himmelsrichtung, welche nach seiner Meinung von den Wachtposten unbesetzt geblieben und versuchte dann mit aller Vorsicht die Bande an seinen Händen zu lockern, aber vergeblich, die Baststricke hielten fest und trotzten jeder Anstrengung.

Da rief ihn der Lord an, der so stand, daß ihn der Trapper nicht bemerken konnte:

„Meint Ihr, Alter, daß es mit uns vorbei ist?"

„Ich wage nicht die Behauptung aufzustellen, daß wir viel Aussichten auf ein für uns erfreuliches Ende haben," entgegnete Roll zurückhaltend. „Und doch können wir froh sein, daß wir noch am Leben sind und Atem in uns besitzen und die Werke Gottes um uns schauen dürfen. — Seid still, Herr, antwortet nicht, die glatte Schlange nähert sich unserm Standort!"

Der Sachem der Sioux kam langsam dahergeschritten, blieb etwa zwanzig Schritt von den Gefangenen stehen und trat dann auf den Lord zu.

„Das Bleichgesicht wird sich erinnern, was es vor wenigen Tagen einem Häuptling der Dakota zufügte?" hob er im gebrochenen Englisch an.

„Ah, Du meinst die Geschichte in St. Paul!" entgegnete Burton gleichgültig. „Schade, daß Dir nicht damals einige Büchsenkugeln das Hirn zerschmetterten, dann wären uns die Gräuel der vergangenen Nacht erspart geblieben!"

„Mein weißer Bruder vergißt, was er mir zufügte!" fuhr der Häuptling fort.

„Was ich Dir zufügte?" rief der Lord verwundert. „Bist Du etwa noch heute darüber empfindlich, daß ich Dir einige der Krähenfedern aus den Haaren zog?"

„Hugh!" machte hier der zottige Büffel. Der Trapper dagegen ließ einen warnenden Laut hören. Er befürchtete, der Lord werde durch ein unbedachtes Wort die Wut des Häuptlings reizen und ihre Lage dadurch noch verschlimmern.

„Derartige Dinge," erklärte Burton dem Dakota-Häuptling, „findet man bei uns daheim einfach lächerlich und hütet sich, später darüber zu sprechen. Freilich, wir Bleichgesichter sind nicht so einfältig, unsere Haare mit allerlei Firlefanz zu behängen, wir setzen einfach eine Mütze oder einen Hut auf den Skalp und schützen ihn gegen die Winterkälte und gegen die bleichenden Sonnenstrahlen!"

Der Häuptling hörte aufmerksam zu. Endlich sagte er: „Weiß mein Bruder, wo man Matotoë, die Tochter des Chippeway-Häuptlings, hingebracht hat? Er kann sein Leben retten, wenn er mir den Ort verrät, wo sie sich befindet!"

Wieder ließ sich ein warnender Laut des Trappers hören, doch der Engländer bedurfte einer derartigen Mahnung zur Vorsicht nicht.

„Weiß nicht, wer Matotoë ist!" versetzte er ruhig. „Habe mich während der vierundzwanzig Stunden, die ich im Dorfe zubrachte, um nichts gekümmert. Ich kann Dir also keinen Ausweis geben, Häuptling, werde aber durchaus nicht böse sein, wenn Du uns drei hier in Freiheit setzt. Es ist immer ein Zeichen von Großmut, wenn man einen Feind laufen läßt!"

Die glatte Schlange wandte sich ab und trat dicht vor den gefangenen Chippeway-Häuptling.

„Mein Bruder ist noch sehr jung," redete er ihn höhnisch an. „Die Chippeways sind Weiber, daß sie einem Knaben die Adlerfedern in das Haar stecken!"

Die ganze Antwort des jungen Kriegers bestand darin, daß er der glatten Schlange in das Gesicht spie. Aber diese schmähende Handlung entfesselte die Wut des Sioux.

Er riß sein Messer aus dem Gürtel, um es in die Brust des Verwegenen zu stoßen, da legte sich die Hand eines ergrauten Kriegers auf seinen Arm.

„Mein Bruder lasse sich nicht von thörichtem Zorn hinreißen," mahnte der Sioux. „Warum will er dem Hund von Chippeway die Freude machen, so bald und so schmerzlos in die Jagdgründe seiner Väter gehen zu dürfen? Und warum will der Häuptling seine Krieger um den Genuß der Marterung bringen? Siehe, sie erwarten Deine

Befehle und lechzen nach dem Blut eines Feindes, der viele von uns tötete!"

Die glatte Schlange trat zurück und steckte das Messer wieder an seinen Ort, dann sagte er zu dem Chippeway gewendet:

„Meine Krieger werden sich an den Jammerlauten eines Weibes ergötzen!"

„Die Sioux sind schleichende Hunde!" entgegnete der zottige Büffel. „Sie wagen es nicht, einem Chippeway offen entgegenzutreten und bilden sich ein, etwas Großes gethan zu haben, wenn sie Squaws und Pappuse hinmorden. Sieh', wie sie gleich Schakalen zwischen den Hütten hin= streichen und nach Flitter suchen. Die Sioux sind Stink= tiere!"

Die glatte Schlange schäumte vor Wut. Er stürzte nach dem Lager und im nächsten Augenblick riefen die Töne eines Büffelhorns die zerstreuten Krieger zusammen. Die Marterung sollte, den üblichen Gebräuchen entgegen, sofort vorgenommen werden.

„Mein Bruder hat nicht wohlgethan, den Feind zu reizen," klagte Roll. „Dein Stamm bedarf aller seiner Krieger, um die Niederlage durch die Sioux zu rächen!"

„Die Dakotas sind Hunde!" versetzte der Häuptling ruhig. „Mein Volk wird sie hinwegjagen und alle zer= schmettern!"

„Sage das nicht, Häuptling!" versetzte Roll ernst. „Die Sioux sind Euch an Kopfzahl überlegen. — Ha, da kommen die Teufel, um Dich zu quälen! Ich hätte es nicht geglaubt!"

In Menge stürzten die ergrimmten Feinde herzu, lösten seine Bande und führten den Chippeway auf eine Stelle, welche für Roll und Burton sichtbar, sich wegen der wenig vorhandenen Bäume zu einer derartigen unmenschlichen Feier ganz besonders eignete. Hier banden sie ihn an den Stamm einer Buche und zwar so, daß er weder Kopf noch Arme und Beine zu bewegen vermochte.

Dann bildeten die Indianer einen Kreis um das Opfer und führten einen jener satanischen Tänze auf, welche selbst den Vögeln des Waldes Furcht und Entsetzen einflößen und sie in die Wipfel der tausendjährigen Bäume flüchten lassen.

Ein wunderbarer Glanz strahlte aus den Augen des Chippeway-Häuptlings. Mit einer Mischung von Stolz und Verachtung ließ er seinen Blick über die Menge der Feinde schweifen; dann stimmte er den Kriegsgesang seines Stammes an.

Eine Viertelstunde später ertönte abermals das Büffel= horn und wie mit einem Schlage endete der Tanz. Die bei einer Marterung üblichen Zeremonien mußten hier, den Umständen Rechnung tragend, abgekürzt werden.

Die Krieger traten sodann zu einer kurzen Beratung zusammen, um über die Art und Weise der Marterung schlüssig zu werden, wandten sich aber schon nach wenigen Minuten dem Opfer zu.

„Sie werden ihn mit Pfeilen werfen!" sprach Roll zu Burton hinüber. „Drückt lieber die Augen zu, Freund, denn der Anblick, der sich Euch jetzt darbieten wird, fordert eiserne Nerven!"

„Die hab' ich, Alterchen!" gab Burton zurück.

Die feindlichen Krieger stellten sich in einer Entfernung von zehn Schritten auf und begannen, wie Roll bereits vorausgesagt, das Pfeilwerfen, d. h. jeder Indianer erfaßte die Waffe mit Daumen und Zeigefinger und schleuderte sie mit kräftigem Arm auf den nackten Körper des Gefangenen. Die Wurfgeschosse drangen tief in das Fleisch, aber sie töteten nicht.

„Goddam!" fluchte der Engländer und rüttelte an seinen Bänden. „Hätte ich jetzt eine Büchse und könnte sie regieren!"

„Still, Freund, und gebt kein Zeichen des Unwillens von Euch!" ermahnte Roll.

Nach wenigen Minuten staken gegen zwanzig Pfeile in des Jünglings Armen und Schenkeln und im Leibe, während überall das Blut heraussickerte.

Trotz der fürchterlichen Schmerzen verzog der Chippe=
way keine Miene. Sein Gesang dauerte fort, nur wurde
er hastiger.

Da rissen die Sioux wie auf Kommando ihre Pfeile
aus dem Fleisch des jungen Mannes und das teuflische
Spiel begann von neuem.

Der zottige Büffel biß die Zähne krampfhaft auf ein=
ander, aber kein Ton der Klage kam über seine Lippen.
Aber gerade dieser heroische Gleichmut fachte die Wut der
Unmenschen zur hellen Flamme an.

Da stürzte einer der Sioux herbei. Er schwang ein
brennendes Stück Holz um seinen Kopf und näherte sich
dem Gefangenen, um den blutbedeckten und von Pfeilen
zerrissenen Körper zu sengen. Der Gedanke jenes Teufels
fand sofort Beifall. In wenigen Minuten hielten acht bis
zehn bestialische Krieger brennende Holzscheite in ihren
Händen und brannten mit satanischer Wollust den Körper
des Unglücklichen.

Der Chippeway zuckte unter der unaussprechlichen
Qual. Aus seinem Munde, dem auch jetzt noch kein Laut
der Klage entschlüpfte, drang Schaum. Die Augen rollten
vom Schmerz wie wahnsinnig in ihren Höhlen und dann
— für den Engländer bange, bange Minuten — war das
Schreckliche vorüber: Der erbarmungsvolle Tod entriß
den Unglücklichen den erbarmungslosen Händen der Blut=
menschen.

Ein Jubelgeschrei der roten Teufel verkündete den
verhängnisvollen Augenblick. Dann wurde der Leichnam
losgelöst, seines Skalpes beraubt und hinweggeschleift.

„Entsetzlich!" sagte der Lord zu Roll. „So schrecklich
hätte ich mir die Indianer dieses viel gepriesenen Landes
doch nicht gedacht. Die Sympathie, welche ich bisher für
diese Völkerrasse besaß, ist verflüchtet wie der Schaum des
Meeres. Von jetzt an will ich für diese Teufel kein Er=
barmen mehr gelten lassen!"

Die glatte Schlange hatte während der Marterung
scheinbar teilnahmlos an einem Baum lehnend zugebracht,

aber die glühenden Augen, welche beständig auf dem Ge=
fangenen verweilten, legten Zeugnis ab von der Wollust,
die der Häuptling bei der Qual des Feindes empfand.

Nun, als alles vorüber war, schritt er hinüber
zu dem Engländer, legte die Rechte auf seine Schulter
und sagte:

„Will mir mein weißer Bruder jetzt mitteilen, wo
Matotoë zu finden ist?"

„Ich bedaure, Häuptling, Dir in diesem Falle keinen
Bescheid geben zu können!" erklärte Burton mit schlecht
verhehltem Unwillen.

„Das Bleichgesicht hat gesehen, welche Qualen die
Dakotas zu bereiten verstehen!" meinte der Häuptling ruhig;
doch die in seinen Worten versteckte Drohung entfesselte die
bis dahin zurückgehaltene Wut des Lords.

„Ich will Dir nur sagen, Mensch," rief er zum
großen Schrecken Rolls, „daß Du wie ein ganz gemeiner
Schuft gehandelt hast. Zunächst schließ'st Du ein Schutz=
und Trutzbündnis mit Falkenklau gegen die Weißen in
St. Paul und hinterher überfällst Du sein Dorf, ermordest
Weiber und Kinder, quälst und marterst die Gefangenen,
schändest die Leichname und benimmst Dich mit Deinen
Leuten ärger als ein wildes Tier. Pfui, Ihr erbärmlichen
Subjekte!"

Der Häuptling hörte aufmerksam zu. Manches von
der hastig hervorgesprudelten Rede des Engländers mochte
er nicht verstanden haben, aber das war ihm klar geworden,
daß die Bleichgesichter von seinem Bündnis mit Falkenklau
Kenntnis erlangt hatten, wie und auf welche Weise, das
konnte er sich freilich nicht enträtseln.

„Mein Bruder hat nicht gut gethan, etwas auszu=
plaudern, was er lieber verschwiegen haben sollte!" sagte er
endlich zu dem Lord, ohne der beleidigenden Worte zu ge=
denken, die er unmöglich mißverstanden haben konnte. „Er
ist wie eine Elster, die durch ihr Geschrei die Stätte ver=
rät, wo sie nistet!"

Er wandte sich nach diesen Worten um, und schritt, ohne auf Treuhand einen Blick zu werfen, in das Lager zurück.

Sechstes Kapitel.

Auf der Flucht.

Die Sioux machten keine Anstalten aufzubrechen, worüber sich der alte Trapper nicht wenig verwunderte, umsomehr, als für die Sieger immerhin die Möglichkeit vorlag, von den Chippeways oder etwaigen Bundesgenossen derselben angegriffen zu werden.

Die glatte Schlange mußte einen schwerwiegenden Grund haben, weshalb er auf einem so gefährlichen Platze verweilte. Roll glaubte diesen Grund zu kennen, besonders als am Nachmittage von Norden und Osten her Späher eintrafen und Rapport abstatteten: Der Häuptling fahndete auf Matotoë und suchte ihre Spuren zu entdecken.

Gegen Abend erhob sich plötzlich im Lager ein großer Jubel.

Roll erschrak. Die Rothäute mußten einen wichtigen Fang gemacht haben. Wie, wenn sie gar Thomas und Matotoë abgefaßt hätten? Der Alte wagte gar nicht, an eine solche Möglichkeit zu denken.

„Ah, sieh' einer die Hallunken!" ließ sich da des Lords Stimme vernehmen. „Haben sie nicht meine ganzen Habseligkeiten entdeckt? Ich begrub vor Beginn der Schlacht das sämmtliche Gepäck am Fuße einer Eiche in der festen Hoffnung, eine Entdeckung der in den Augen eines Wilden immerhin wertvollen Sachen sei unmöglich, und nun haben die Schufte doch meine Schätze an das Tageslicht gezogen! Schade um die drei Fässer Rum, welche die Spitzbuben jetzt in das Lager tragen!"

„Was sagt Ihr da?" rief der Alte freudig. Er hatte von seinem etwas tiefer liegenden Standpunkte aus die Vorgänge im Lager nicht bemerken können. „Den Rum haben sie gefunden? Dann danket Gott, der diesen Hallunken so gute Augen und einen so feinen Spürsinn gab!"

„Ich versteh' Euch nicht!" meinte der Lord, doch Roll schwieg und verwandte von jetzt ab kein Auge mehr von dem Lager der Feinde.

Er sah, wie die Indianer die drei Fäßchen mit dem köstlichen Naß unter dem Freudengejohle der Menge vor der glatten Schlange niederlegten, wie dieser die leichten Reifen des einen mit seinem Messer durchschnitt, so daß der eine Boden herausgenommen werden konnte. Er sah ferner mit stiller Genugthuung, wie die Rothäute dem Brandy zusprachen und hörte sogar ihr behagliches Schnalzen. — Der Stoff schmeckte ihnen köstlich.

„Ja, trinkt nur, Ihr Raubmörder!" flüsterte der Alte. „Je mehr Ihr hinunterschluckt, desto besser für uns!"

Er fühlte, daß er im Stande sei, die Bande an seinen Händen zu lösen. Durch langes aber vorsichtiges Zerren und Reißen hatten sich die Seile gelockert, die ihn an den Baum fesselten und die — der Alte glaubte es — durch eine gewaltsame Anstrengung zu entfernen waren.

Das Saufgelage dauerte fort. Selbst der Häuptling, der anfänglich gezaudert, dem Feuerwasser zuzusprechen, schlürfte das starke Getränk gierig ein, und seinem Beispiel folgten die Untergebenen.

Bald äußerte sich die Wirkung des Brandy. Erst sonderten sich einzelne Rothäute vom Lager ab, um in einem nahen Gebüsch den Rausch auszuschlafen, dann folgten andere. Einer der Sioux taumelte auf die Gefangenen zu, starrte sie mit gläsernen Augen an, stieß laute Verwünschungen aus und sank dann schließlich, kaum zehn Schritte von Roll entfernt, in das hohe Gras.

Es war mittlerweile dunkel geworden. Die Vögel verstummten und zogen sich in ihre Schlupfwinkel zurück. — Ein Spottvogel, welcher in der Nähe des Lagers auf einem

dürren Zweig hockte, versuchte die gurgelnden Laute nachzuahmen, welche die trunkenen Indianer hervorbrachten, ein
Experiment, welches ihm auch über Erwarten gelang.
Nachher flog er von dannen, als sei er befriedigt von seiner
künstlerischen Leistung.

Der Häuptling mochte noch eine Ahnung von seinem
Zustande haben, möglich auch, daß ihm eine dunkle Gefahr
vorschwebte, genug, er erhob sich, sah sich mehrere Male
im Kreise um, gab einige Befehle, die natürlich nicht voll-
zogen wurden und taumelte dann wieder zu Boden.

„Jetzt ist es Zeit!" flüsterte Roll und versuchte, die
Bande zu zerreißen; da fühlte er, wie jemand die Bastseile
zerschnitt, und unmittelbar darauf tauchte ein dunkler Kopf
neben dem Stamme auf. Es war Matotoë, des Häuptlings Tochter, die das Rettungswerk vollführte.

„Still!" flüsterte sie, „es könnten noch einige der
Feinde wachsam sein!"

„Du bist's, Kind!" entgegnete der Trapper erstaunt.
„Wo ist denn der Thomas?"

„Der weiße Jäger befindet sich unten bei den Pferden.
Mein Vater befreie den tapferen Fremden!"

Das junge Mädchen schob dem Alten ein Messer zu,
das dieser ergriff und mit Geschicklichkeit benutzte. In
wenigen Sekunden fielen die starken Baststricke, womit Burton
an einer Eiche gefesselt war.

„Goddam!" wollte der Engländer ausrufen, doch
Roll legte rasch seine Hand auf den Mund des Lords und
flüsterte ihm zu:

„Um Gotteswillen, jetzt ganz still! Keinen Laut her-
vorgebracht! Nieder auf die Erde, damit uns keines Feindes
Auge sieht!"

Wie Schlangen krochen die beiden Männer waldeinwärts. Burton fiel es überaus schwer, denn noch war das
seit langem gehemmte Blut der Arme und Beine nicht in
rechte Zirkulation geraten.

Matotoë schien verschwunden. Erst nach einer guten
Viertelstunde tauchte sie neben den Jägern auf, beladen

mit den Büchsen der Männer, sowie mit den Kugeltaschen und Pulverhörnern, die sie mit großem Geschick aus dem Lager der Dakotas geholt hatte. Auch einige Stücke gedörrtes Büffelfleisch brachte sie mit und eine Decke, die sie zwischen den Schläfern gefunden.

Roll hätte aufjauchzen mögen, als er nun wieder seine alte bewährte Waffe in Händen hatte, aber er unterdrückte wohlweislich jeden derartigen Laut.

„Jetzt mögen mir die weißen Freunde folgen!" sagte Matotoë leise.

Sie schritt tiefer in den Wald, blieb aber alle Augenblicke stehen und lauschte.

Die Wölfe unten im Thal knurrten und bissen sich um die Mahlzeit und kümmerten sich nicht um die Menschen am Waldesrand. Die Pferde, die Nähe der Bestien witternd, stampften unmutig den Boden, verhielten sich aber sonst ruhig.

Da ertönte der Ruf einer Eule und sofort ahmte Roll das Geschrei des Nachtvogels nach, er hatte an einer besonderen Modulation jener Tierstimme ein Signal seines Freundes Thomas erkannt.

Nach fünf Minuten stieß die kleine Gesellschaft auch wirklich auf den jungen Trapper, der vier Pferde vollständig gezäumt und gesattelt in Bereitschaft hielt und mit Ungeduld seine Freunde erwartete.

„Gott sei Dank, daß Ihr da seid!" flüsterterte er. „Nun kein Wort weiter und vorwärts!"

„Halt, Thomas, wohin gedenkst Du uns zu führen!" fiel hier Roll ein.

„Wir werden nach dem Fort Ripley hinüberreiten!" gab der junge Mann zurück. „Der Weg ist zwar weit, aber an eine Verfolgung durch die Sioux ist vor der Hand nicht zu denken!"

Roll nickte; er war mit dem Plan einverstanden. „Wohin sind die dem Blutbade entronnenen Chippeways geflüchtet?" forschte er jedoch.

„Ich hab' keine Ahnung davon, Kamerad!" entgegnete Thomas. „Wir, Matotoë und ich, suchten zunächst den nördlich gelegenen Wald auf, zogen dann aber, natürlich unter den Bäumen bleibend, flußabwärts bis zu einem sichern Versteck. Wohl waren wir Zeuge des brutalen Racheaktes, an dem zottigen Büffel vollführt, und wenn es mir auch in den Fingern zuckte, eine Kugel unter die Unholde zu senden, so mußten wir uns doch ruhig ver= halten, um nicht die Aufmerksamkeit der wachsamen Feinde auf uns zu lenken. Doch nun ist's genug mit unserer Unterhaltung, die schließlich die Späher auf uns lenken wird. Vorwärts, steigt zu Pferde. Hier, Ew. Herrlichkeit, ist Euer Rappe!"

Anfänglich zogen die Vier mit äußerster Vorsicht dahin, als sie aber mehrere hundert Schritte von dem Lager entfernt waren und der Wald sich lichtete, da ging es mit verhängten Zügeln von dannen.

Stunde auf Stunde verrann und immer noch jagten die Freunde in unverminderter Eile dahin. Der Lord meinte zwar wiederholt, es sei unnötig, die Pferde so abzuquälen, aber Roll und Thomas hörten nicht auf solche Worte.

Auch Matotoë, die sehr wohl den rachsüchtigen Cha= rakter der Rothäute kannte und eine Verfolgung der Sioux fürchtete, verminderte um nichts die bisherige Ge= schwindigkeit ihres Mustangs; handelte es sich doch darum, die Entfernung zwischen dem Lager der Dakota und den Flüchtlingen so zu vergrößern, daß sie nicht mehr eingeholt werden konnten.

Da wir zum ersten Male Gelegenheit haben, mit Matotoë in nähere Bekanntschaft zu treten, so sei es gestattet, eine kurze Beschreibung ihrer Person hier ein= zuschieben.

Die Tochter des Häuptlings Falkenklau besaß einen kleinen aber zierlichen Körper, geschmeidige Glieder, große pechschwarze Augen und lange Haare von derselben Farbe. Die Scheitelhaare hatte sie über der Stirn kurz ab=

geſchnitten, die übrigen fielen ungefeſſelt • bis über die Schultern herab. Ein ſchmales, rotes Lederband, den Hinterkopf überſpannend, ſchien nur dazu da zu ſein, um die vielen Glasperlen und glänzenden Metallſtücke feſt= zuhalten. — Um die Hüften trug ſie ein aus weichem Hirſchleder verfertigtes Röckchen, welches über und über mit zierlichen Stickereien beſetzt war. Die Füße ſtaken in reich verzierten Mokaſſins, deren Frangen lang herabwallten und reichen Perlenſchmuck zeigten.

Matotoë war eine vollendete Reiterin. Sie galop= pierte auf ihrem Muſtang mit einer Sicherheit dahin, welche bewies, daß ſie von Jugend an auf dem Rücken eines Pferdes geſeſſen.

Für Thomas ſchien ſie eine beſondere Vorliebe zu haben. Sie wich nicht von ſeiner Seite und regelte den Gang ihrer Roſſes nach dem des jungen Mannes. Sie hatte ihm ja ihre Rettung zu verdanken, und weil ſie ſich in ſeiner Schuld glaubte, ſo folgte ſie ihm wie der Hund ſeinem Herrn. —

Soeben erreichten die Vier den Rand eines Waldes und damit das Ende einer meilenlangen Savanne. Unter den erſten Bäumen zügelte Roll ſein Pferd und blickte den Weg zurück, den er und ſeine Begleiter ſoeben ge= kommen. Wie ſehr erſchrak er aber, als er in weiter Ferne zwiſchen dem hohen, wogenden Gras lebende Ge= ſchöpfe erblickte.

„Teufel, wir werden verfolgt!“ ſtieß er hervor und wies mit der Hand auf die Savanne hinaus. „Dieſe dunklen Punkte ſind Feinde, ſo wahr mir Gott helfe!“

„Das iſt nicht möglich!“ rief der Lord, „Das ſind Büffel oder Hirſche, die dort umherſpringen!“

Thomas ſah ſcharf hinüber.

„Es ſind Sioux!“ ſagte er mit aller Beſtimmtheit. „Späher müſſen das Verſchwinden der Gefangenen (damit meinte er Roll und Burton) ſofort entdeckt und die trun= kenen Stammesgenoſſen alarmiert haben, — anders kann ich mir die Geſchichte nicht zuſammenreimen. Aller Vor=

ausſetzung nach verfolgen uns die Feinde ſeit Beginn des
Mondſcheins, und da wir faſt immer über offene Ge=
genden dahin ritten, ſo fiel es ihnen nicht ſchwer, unſere
Fährten zu entdecken!"

Die Männer jagten, um ſchneller vorwärts zu kommen,
am Rande des Waldes dahin. Matotoë verweilte noch
einige Augenblicke am Ausgang der Savanne, ſprengte
aber dann hinter den Jägern her, die ſie bald wieder
einholte.

„Es ſind zwanzig Dakotas!" ſagte ſie zu Thomas.

„Kind, die ganze Macht der Feinde folgt unſern
Spuren!" verſetzte dieſer bekümmert. „Armes Mädchen,
diesmal werden wir den grimmigen Gegnern nicht zu
entrinnen vermögen. Sie beſitzen beſſere Pferde als wir
und nach zwei höchſtens drei Stunden haben ſie uns
eingeholt."

„Werden die Langmeſſer in dem Fort uns helfen, wenn
ihnen jemand ſagt, daß wir in Not ſind?" entgegnete Matotoë
nach kurzem Beſinnen.

„Gewiß, Kind, das werden ſie; aber wie ſollen ſie von
unſerer Lage Kenntnis erhalten?"

In demſelben Augenblick ließ ſich Rolls Stimme hören:

„Wir erreichen das Fort nicht mehr. Wir müſſen nach
rechts hinüber und einen Bluff aufſuchen, wo wir zwar vor
den Sioux ſicher ſind, wo wir aber —"

Er brach plötzlich ab, riß ſein Pferd nach der an=
gedeuteten Richtung herum und jagte quer durch den Wald
dem Miſſiſſippi zu.

Jetzt drängte ſich Matotoë an ſeine Seite und ſprach
haſtig auf ihn ein; aber der Alte ſchüttelte den Kopf:

„Es geht nicht, Kind," meinte er. „Du kennſt nicht
die Richtung nach Ripley und wirſt Dich verirren. Ich
könnte meines Lebens nie mehr froh werden, wenn Du
auf eine qualvolle Weiſe Dein Leben einbüßteſt; denn
was wollteſt Du allein anfangen in dem Urwalde, um=
geben von wilden Tieren und ebenſo wilden Menſchen. Laß
den Gedanken fahren, Kind!"

Matotoë zeigte auf das Pferd des Lord, welches mit äußerster Leichtigkeit dahinlief und durchaus keine Ermüdung verriet.

„Auf jenem Tier würde ich alles wagen!" sagte sie ruhig.

„Nein, nein, Kind, daraus wird nichts!" entgegnete der Alte, aber doch dachte er nach über den Vorschlag, den ihm das Indianermädchen gemacht.

Wieder verging eine Stunde und immer näher kamen die Feinde. Man konnte bereits Pferde und Krieger unter= scheiden, als sie abermals auf der Prairie erschienen, über welche die kleine Kavalkade soeben setzte.

Thomas stieß einen Fluch aus. Matotoë drängte sich abermals an den Alten und sprach den Wunsch aus, allein nach dem Fort zu reiten und die Besetzung desselben zur Hilfe herbeizuholen.

Lange widerstrebte Roll, endlich gab er nach.

„Nun, meinetwegen, Kind, versuch's. Vielleicht gelingt es Dir, eine Abteilung Soldaten von dem Kommandanten zu erbitten. — Ew. Herrlichkeit," so wandte er sich an den Lord, „werden der Kleinen den Gefallen thun und ihr den Rappen leihen. Es geschieht in unser aller Interesse, des= halb werdet Ihr hoffentlich keine weitern Umstände machen. Noch einige tausend Schritte weiter und wir brauchen über= haupt keine Pferde mehr!"

Der Lord sprang ohne ein Wort zu sagen aus dem Sattel und bot das Pferd Matotoë an, die sofort den Rappen bestieg und nun Miene machte, in dem Walde, den man soeben erreicht hatte, links abzubiegen.

„Halt, Kind, so geht das nicht!" rief Roll. „Warte, bis wir an ein kleines Flüßchen gelangen, in dessen Bette Du dahinreiten kannst!"

Bei der erwähnten Stelle hielt der Alte sein Pferd an.

„Hier ist der Ort, den ich meinte!" sagte er und seine Stimme klang wehmütig. „Nun geh' mit Gott, Matotoë. Bleibe einige hundert Schritte im Wasser, das Deine Spuren verbirgt, und dann reite, was Du kannst, nach

Sonnenuntergang. Ich denke, in drei bis vier Tagen können wir Nachricht von Dir haben. Der Bluff liegt zweitausend Schritte von hier in einer Biegung des Mississippi. Nun vorwärts, braves Mädchen!"

Matotoë warf einen langen Blick auf Thomas, dann winkte sie Abschied nehmend mit der Hand und stieg mit dem Pferde in das Wasser hinab.

Die drei Männer sahen der kühnen Indianerin lange nach, dann nahmen sie ihre Flucht wieder auf.

Nach kurzer Zeit endete der Wald und das hier äußerst breite Thal des Mississippi begann. In einer großen Biegung des Flusses erhob sich der Bluff, d. h. ein einzeln stehender Felsen, ohne jede Verbindung mit Gebirgen oder sonstigen Bodenerhebungen. Bis zu einer Höhe von zwanzig Metern ragte der Steinkoloß empor, fiel aber nach allen Seiten hin so steil ab, daß man — von weitem aus gesehen — es für kaum möglich hielt, denselben zu besteigen.

Burton warf einen Blick der Verwunderung auf das merkwürdige Naturgebilde, das hier mitten im Thal lag und von einer Riesenhand hingeworfen zu sein schien. Da oben auf der Kuppe unter dem Steingerölle, das sagte er sich, waren sie sicher vor dem Grimm der Feinde, aber wie da hinaufgelangen?

Am Fuße des Bergkegels angekommen, sprang Roll aus dem Sattel, riß sein Messer aus dem Gürtel und stieß es seinem ermüdeten Gaul in den Hals, daß das Blut breit hervorschoß. Das arme Tier stürzte tot zu Boden.

„Alter, was macht Ihr?" rief der Lord entsetzt. „So lohnt Ihr dem Roß, das Euch bis hierher trug?"

„Wir bedürfen Fleisch!" entgegnete der Trapper. „Vorwärts, Freund, schneidet alle Riemen von den Satteln und bindet sie zusammen, vergeßt die Wolldecke nicht und die Kugeltaschen. Thomas, herbei, ehe uns die Rothäute auf den Hals kommen!"

Der Lord that, wie ihm geheißen. Die beiden Trapper dagegen lösten die Hinterkeulen von dem noch dampfenden Pferde und trugen das Fleisch den äußerst schmalen und steil hinaufführenden Weg zum Felsen empor, eine Arbeit, die nicht ohne Lebensgefahr war. Oft kletterten die beiden auf Händen und Füßen und mehrere Male mußten sie sich, das überhängende Gestein umklammernd, hinaufziehen.

Dreimal legten die Trapper denselben Weg zurück, und nun erst erklärte Roll, daß sie Fleisch genug hätten, um einer längeren Belagerung zu trotzen.

Der Lord hatte ebenfalls versucht, ein paar Pfund Fleisch auf den Berg zu tragen, aber es gelang ihm nicht. Der Pfad da hinauf war zu beschwerlich. Er sah ruhig zu und ließ sich nachher von den Freunden an einem Seil emporziehen.

Oben angekommen, stieß er einen Ruf der Ueber=raschung aus. Was er hier sah, schien durch die Hand der Menschen entstanden zu sein, so bequem und solide war alles eingerichtet: Rings herum zog sich eine Felsen=mauer mit Schießscharten hin und im Schutze derselben lagen Felsblöcke neben= und übereinander so aufgeschichtet, daß zwischen ihnen geräumige Hallen und Kammern ent=standen.

Roll weidete sich an der Verwunderung des Lords, endlich sagte er:

„Dieser Bluff war vor zwanzig Jahren bewohnt und eben aus dieser Zeit stammen die Räumlichkeiten, die Ihr hier seht. Auch dem Thomas und mir bot dieser Fels mehrere Male Obdach und doch kann er vielleicht unser Grab werden!"

Er wandte sich nach diesen Worten, ging in eine der Höhlungen und erschien nach einiger Zeit mit einem großen Holzkrug, den er stillschweigend an den glücklicher Weise ausreichenden Lederriemen band und nun in größter Ge=mütsruhe über den Ostrand des Felsenkegels hinabließ.

„Pulver, Blei, Fleisch und Wasser, das sind die vier Hauptelemente jedes amerikanischen Jägers!" sagte er, still

8*

vor sich hinlachend. „Wir werden zwar nur Mississippi=
wasser trinken, aber in der Not ist auch das gut. — Ist
Euch ein Trunk gefällig, Lord?"

Er zog den gefüllten Krug empor und stellte ihn vor
den Engländer hin, der in seiner Verwunderung nur das
eine Wort „Goddam!" hervorzubringen vermochte.

Dann rief Thomas:

„Sie kommen! Sie kommen!"

Siebentes Kapitel.

Auf dem Felsenkegel.

Ja, sie kamen herangesprengt, die Rothäute, auf flinken
Mustangs, denen man noch keine Uebermüdung an=
merkte.

Wie Bronzefiguren saßen die Krieger auf den mit
einfachem Sattel= und Zaumzeug versehenen Rossen, das
Haupt umwogt von langen, pechschwarzen Haaren.

Am Rande des Thales hielten sie an und blickten
forschend über die Gegend. Am Fuße des Bluff weideten
die beiden von den Jägern zurückgelassenen Pferde, welche
die Köpfe erhoben und wieherten.

Die drei Männer hinter den Schießscharten beobachteten
alles, was da drüben am Walde vor sich ging.

„Sie treten zu einer Beratung zusammen!" sagte
Thomas. „Sie sehen unsere Pferde und wissen nun, wo
wir uns befinden. Möglichenfalls haben sie Matotoës
Fährte übersehen und wundern sich nun, wo die andern
beiden Mustangs hingekommen sind. Ah, der eine der
Hallunken steigt aus dem Sattel und untersucht unsere
Spuren. Nun, zum wenigsten ahnen sie nicht, daß ihnen
die Hauptbeute, des Häuptlings Tochter, entrückt ist!"

„Die Sioux werden glauben, wir hätten unsere Pferde zurückgelassen und seien zu Fuß über den Mississippi nach dem Walde im Osten geflüchtet!" meinte hier der Lord.

„Nein, Herr, das glauben sie nicht!" entgegnete Roll. „Erstens beweist die von uns bisher hartnäckig behauptete Richtung, daß wir auf der linken Seite des Flusses nichts zu thun haben, und zweitens werden Flüchtlinge, wie wir jetzt sind, die Pferde nicht in einer offenen Gegend zurück=lassen. Wir sitzen hier oben, das steht nun einmal fest bei unsern Feinden, und das werdet Ihr auch sogleich aus dem Munde jenes Schurken dort hören!"

Einer der Sioux nämlich, es war die glatte Schlange selbst, kam auf den Bluff zu geritten, schwenkte, gewiß zum Zeichen seiner friedlichen Absicht, die lange Lanze und machte, etwa fünfzig Schritte vom Felsen entfernt, halt.

„Der Sachem der Dakota," so hob er an, „will mit Treuhand reden. Hört mein weißer Bruder die Worte eines Kriegers?"

„Gieb keine Antwort, Alter!" flüsterte Thomas. „Warum sollen sie erfahren, daß Du unter uns bist!"

Der Häuptling wartete einen Moment, dann begann er abermals:

„Ich höre nur das Rauschen des Wassers und das Säuseln des Windes im langstenglichen Schilf, aber keine Antwort des Bleichgesichtes. Er und seine zwei Freunde fürchten sich vor den Dakotas und suchen sich vor ihnen zu verbergen! Die glatte Schlange sinnt nicht auf Rache; sie kam hierher in friedlicher Absicht!"

„Wer das glaubt!" flüsterte Roll.

„Der Sachem der Dakotas hatte die Bleichgesichter vor wenigen Stunden in seiner Gewalt, aber er schonte sie," fuhr der Häuptling fort. „Er schonte sie, weil er sie liebt und nicht will, daß sie am Marterpfahl stehen sollen. Warum schweigt Treuhand und antwortet nicht auf die Stimme des Sachem?"

Wieder lauschte der Sioux, aber abermals vergeblich. Nun wurde der Indianer ärgerlich.

„Die glatte Schlange meinte es gut mit den Bleich=
gesichtern, aber sie wollen nicht hören. Sie vergessen, daß
hunderte meiner Krieger bereit stehen, sie von dem Felsen
herabzuholen!"

Weiter kam er nicht, denn da krachte des Lords
Büchse. Das Pferd des Häuptlings, mitten durch die Brust
geschossen, brach zusammen und begrub im Fall den Sachem
der Dakotas.

Jetzt erhob sich ein entsetzliches Geheul unter den In=
dianern am Rande des Waldes. Von Zorn erfaßt jagten
ein Dutzend berittene Krieger auf den Bluff zu; doch jetzt
ertönten auch die Gewehre Rolls und Thomas' und zwar
mit bestem Erfolg: Zwei der Indianer, im vollen Jagen
begriffen, fielen wie ein Klotz vom Pferde und blieben im
hohen Gras liegen. Die übrigen stießen Schreie der Wut
aus, machten Kehrt und flüchteten nach dem Walde zurück.
Einem der Feinde war es gelungen, den Häuptling von
der schweren Last, die auf ihm ruhte, zu befreien und zu
sich auf das Pferd zu heben.

Nach wenigen Minuten lag der Platz, auf dem sich
soeben die wilde Szene abgespielt, still und ruhig da.
Nichts regte und rührte sich mehr; die Gegend schien aus=
gestorben zu sein und doch kauerten hinter dem Gebüsch
am Rande des Waldes schreckliche Feinde, deren Augen
glühend nach dem Bluff hinüberblickten.

„Ihr habt eine merkwürdige Art zu antworten!"
sagte jetzt Roll zu Burton. „Ihr waret zwar etwas vor=
schnell damit, ober es kommt schließlich auf eins heraus,
ob die Feindseligkeiten zwischen uns und den Dakotas heute
oder morgen beginnen. Schade, daß ich dem Hallunken,
dem Häuptling, nicht eine Kugel durch das Hirn sandte,
als er unter dem Pferde lag. Nun, vielleicht findet sich
später einmal Gelegenheit, das Versäumte nachzuholen!
Doch nun will ich Feuer anzünden und uns ein Stück
Pferdefleisch braten."

Der Lord schlug sich vor die Stirn.

„Freunde!" sagte er bestürzt, „wir haben ja Holz mit heraufzunehmen vergessen! Goddam, rohes Fleisch mag ich nicht!"

„Ist auch nicht nötig!" versetzte Roll lachend. „Wir besitzen Holz in Hülle und Fülle, wenn Ihr Euch über= zeugen wollt. Seht, jene Felsenkammer beherbergt trockenes Reisig in Menge. Thomas und ich verlebten vor Jahren einmal eine ganze Woche hier und da könnt Ihr Euch denken, daß wir den von Euch vorhin erwähnten Ar= tikel nicht alle werden ließen und noch obendrein für spätere Zeiten sammelten!"

Er begab sich nach der Felsenkammer und kehrte nach kurzer Zeit mit einem Arm voll dürren Reisigs zurück. — Auch drüben im Walde wurde ein Feuer angezündet. Man sah es zwar nicht, man merkte aber sein Vorhanden= sein an dem leichten Rauch, der über den Wipfeln der Bäume emporstieg.

Der Tag verging ohne bemerkenswerte Ereignisse. Auch während der Nacht blieb alles ruhig, doch vermißten die Jäger am Morgen die beiden Indianerleichen. — Die zwei Pferde, welche bei dem Angriff der Indianer und dem ohrbetäubenden Geschrei derselben eine Strecke strom= aufwärts gelaufen waren, fehlten ebenfalls. Die Sioux hatten sie eingefangen.

Roll und Thomas machten sich daran, das Roßfleisch in lange dünne Streifen zu schneiden und an der Sonne zu trocknen. Burton half dabei und wurde von dem Alten deshalb gelobt.

Am Nachmittag brachte Roll ein altes Hanfseil aus der sogenannten Vorratskammer und fing an, die einzelnen Fasern desselben loszulösen.

„Was gedenkt Ihr zu thun?" fragte der Lord, der aufmerksam alles beobachtete, was die Trapper vor= nahmen.

„Wir wollen uns einige Angelschnüre verfertigen, da= mit wir Arbeit haben und uns nicht die Langeweile be= schleicht!" versetzte der Alte still vor sich hinlachend. „Der

Mississippi beherbergt hier viele Fische, und es wäre Sünde, wollten wir nicht versuchen, ein paar derselben heraufzuziehen."

Die geschickten Hände des Trappers brachten wirklich zu stande, was Burton kaum geglaubt. Nur die Verfertigung des Angelhakens verursachte einige Schwierigkeit, doch fanden sich in Thomas' Kugeltasche einige Drahtnadeln, die sich, passend gebogen, sehr wohl zu dem bezeichneten Zweck verwenden ließen. Als Köder diente Pferdefleisch.

Der Lord sprang wie ein Kind umher, als Roll den ersten Fisch, einen mächtigen Hecht heraufholte, und dieser nun zappelnd zu seinen Füßen lag. Daß der über dem Feuer gebratene Fisch allen vortrefflich mundete, verstand sich von selbst. Salz und Pfeffer, um das delikate Fleisch schmackhafter zu machen, war glücklicher Weise vorhanden; denn Thomas hatte bei seiner Flucht aus dem Chippeway-Dorfe nicht vergessen, seine reich gefüllte Jagdtasche mitzunehmen. —

Die erste Nachtwache nach Sonnenuntergang übernahm Burton, doch regte und rührte sich nichts im Thal. Hirsche, Rehe und anderes Getier zeigten sich vielfach am Wasser, um den Durst zu löschen, nur keine Feinde.

Um 11 Uhr kam Thomas, um den Engländer abzulösen. Kaum hatte er aber eine Stunde auf dem Wachtposten zugebracht, da weckte er Roll und Burton.

„Herbei, die Sioux nahen!"

Der Engländer blickte durch eine Schießscharte in das Thal hinab, bemerkte aber nichts Verdächtiges, erst als sich die Augen an die Dunkelheit gewöhnt hatten, sah er in dem vom Winde leise bewegten Grase lange schwärzliche Streifen, die sich kaum merklich von der Stelle rührten.

„Das sind die roten Teufel!" flüsterte ihm Roll zu. „Lassen wir sie ruhig die Felsen emporsteigen und senden wir ihnen dann erst eine Ladung Bleistücke auf den Pelz!"

Im Osten rötete sich der Himmel. Der Mond mußte bald über dem Horizont emporsteigen. Da hatten die ersten Feinde den Felsen erreicht. Nun schmiegten sie sich an das dunkle Gestein und krochen wie Schlangen den Bluff hinauf. Immer höher und höher kamen die schattenhaften Körper. Zwei Köpfe zugleich erhoben sich über der Platte, welche am schwersten zu passieren war. Da krachte des Alten Büchse und ein Hagel von Bleistücken sauste den schmalen Stieg hinab, alles zerschmetternd, was sich Lebendiges darauf befand.

Ein gräßliches Geschrei erhob sich und dann fielen dunkle Körper vom Felsen hinab auf die Erde. Aber über die toten Leiber hinweg stürzten neue Feinde, Wut und Haß gegen die Jäger da oben im Herzen.

Da donnerte Thomas' Büchse. Wieder ließen sich Schreckensschreie vernehmen und wieder sanken zerschmetterte Menschenkörper in die Tiefe. Aber zum dritten Mal stürmten die Sioux, angefeuert durch die weithin schallende Stimme des Häuptlings.

Burton, der nun an der Reihe war, zielte mit Sorgfalt auf die Feinde und drückte ab. Die Wirkung des Schusses war eine verheerende. Die gehackten Bleistücke und Posten trafen alle und zerrissen die Leiber der halbnackten Wilden.

Diesmal widerstanden die Dakotas nicht. Sie wichen zurück und flohen dem Walde zu, die Toten und Verwundeten mit sich schleppend.

Da sausten zischend eine Menge Pfeile herab und fielen klatschend auf das Gestein.

„Teufel, was ist das?" rief Roll und sprang nach der Flußseite hinüber. „Dacht' ich's doch! Jenseits des Mississippi liegen ein Dutzend Rothäute im Grase und beschießen uns. Na, warte!"

Sein Schuß krachte hinüber und nicht ohne Erfolg. Dunkle Gestalten erhoben sich, stießen ein teuflisches Geheul aus und entflohen.

Der Kampf war vorüber. Sämtliche Feinde hatten sich in die Wälder zurückgezogen. — Oben auf der vorhin erwähnten Platte lag noch ein Toter; ihn hatten die Dakotas nicht mitnehmen können.

Roll bemerkte den Leichnam und begab sich hinab, um ihn über die Felsen zu stürzen. Kaum berührte er aber den Körper des vermeinten toten Sioux, so sprang dieser empor und warf sich auf den erstaunten Trapper, der sich zu seinem Glück dicht an das Gestein lehnte.

„Teufel, zischt die Schlange noch?" schrie der Alte, aber in demselben Augenblick schnürten ihm die Fäuste des Dakota die Kehle zusammen.

Ein wilder Kampf begann jetzt, der um so gefährlicher war, als er sich auf einer wenige Fuß breiten Felsplatte abspielte. Roll versuchte sich von den schrecklichen „Halsklammern" zu befreien, aber es gelang ihm nicht; der riesige Indianer besaß eine herkulische Kraft und ließ nicht los.

Schon fühlte der Trapper, wie seine Muskeln und Sehnen erlahmten: da bog sich ein Arm um seinen Körper und im nächsten Augenblick fuhr ein blitzender Stahl in die Brust des Feindes.

Dieser suchte sich noch zu halten, aber vergeblich. Seine Hände lösten sich, einen Moment später und er stürzte sich rückwärts überschlagend vom Felsen hinab.

Er hätte Roll möglichenfalls mit in die Tiefe hinabgezogen, aber Thomas — er war des Alten Retter — schützte den Kameraden vor einem derartigen Geschick, indem er ihn festhielt.

„Uf!" stöhnte der alte Trapper und schnappte nach Luft. „Das ging hart am Leben vorüber. Junge, Junge, Du hast mir heute einen Dienst geleistet, den ich Dir nimmer vergessen werde!"

„Die Geschichte ist nicht der Rede wert!" meinte Thomas. „Doch nun komm; ich habe in meiner Jagdtasche noch einen Schluck Rum, daran magst Du Dich stärken!"

Burton war tief ergriffen. Er drückte wiederholt des Alten Hand und sprach seine Freude aus, daß alles so glücklich abgelaufen sei.

Achtes Kapitel

Glückliche Rettung und Heimkehr.

Fünf Tage bereits brachten unsre Freunde auf dem Felsenkegel zu und noch ließ sich nichts von Matotoë und den Soldaten des Forts sehen. Auch der sechste Tag verschwand, ohne daß die erwartete Hülfe erschien.

Der Fleischvorrat unserer drei Jäger ging stark auf die Neige und die wenigen Fische, die sie unter unsäglichen Mühen aus dem Mississippi herausholten, reichten nicht hin, ihren großen Appetit zu befriedigen.

Roll blickte voll banger Sorge in die Zukunft. Wenn Matotoë mit den Soldaten nicht bald erschien, dann stand das Ärgste zu befürchten. — Die Dakotas hielten scharfe Wacht, das hatte er an zwei Abenden hintereinander gespürt, als er, sich vom Felsen herabschleichend, auf Kundschaft ausgehen wollte: Nur besonderen Glücksumständen verdankte er es, daß er nicht in die Hände der erbitterten Feinde gefallen.

Ein Durchschleichen war also, das wußte der Alte nur zu wohl, ausgeschlossen; es blieben nur noch zwei Fragen offen: Sollte er sich, wenn sämtliche Lebensmittel verzehrt waren, mit den Freunden auf Gnade und Ungnade ergeben oder sollten sie sich, um dem Marterpfahl zu entgehen, eine Kugel durch den Kopf jagen? —

Der siebente Tag brach an so hell und klar, daß dem alten Trapper ganz weh ums Herz wurde, wenn er daran dachte, daß mit ihnen nun bald alles aus und vorbei sein werde. — Der Tau glitzerte und funkelte in der Morgensonne, als seien es lauter Edelsteine. Die Vögel jubilierten hüben und drüben im Walde und ihr Gesang schallte bis nach der Felsenburg herüber.

Roll kauerte neben einem Feuer und briet das letzte Fleisch. Und während er es an einem Spieß in die

Flammen hielt, grübelte er nach, was nun zu beginnen. Da klopfte ihm Thomas auf die Schulter:

„Alter!" sagte er traurig, „die Rothäute statten uns einen Besuch ab."

„Was, am hellen, lichten Tage?" rief Roll verwundert. „Das wird ihnen teuer zu stehen kommen!"

„Ich glaube, Alter, wir können unsern Todesgesang anstimmen!" meinte Thomas schmerzlich erregt.

Roll sprang auf und trat an eine der Schießscharten, fuhr aber schreckensbleich zurück.

„Teufel, das wird böse!" stieß er hervor. „Junge, Junge, Du hast recht, es ist aus mit uns!"

Etwa vierzig bis fünfzig Indianer nahten, aber nicht ihre nackten Körper dem Jäger freigebend, sondern hinter hohen, viereckigen Schildern versteckt.

„Was bedeutet das?" forschte Burton.

„Das bedeutet, daß unser Ende herbeigekommen ist und daß wir gut thun, ein letztes Gebet an unsern Herrgott im Himmel zu richten!" entgegnete Roll tief bekümmert. „Hinter jeder Holzwand befindet sich einer unserer Feinde. Das dichte Flechtwerk ist so stark, daß keine Büchsenkugel hindurchgeht, geschweige denn eine Ladung Posten. Langsam aber sicher nähern sich die roten Teufel unserer Festung, ohne daß wir ihnen etwas anzuhaben vermögen. — Seht ihr die im Westen und Norden postierten Indianer? Sie sind dazu da, um uns mit Pfeilen zu überschütten, sobald wir nur einen Zoll Fleisch zeigen. Wohl geborgen hinter ihren Holzschildern, sind sie trotzdem doch im Stande, alle unsre Bewegungen an den Schießscharten zu beobachten. Da, was habe ich gesagt?"

Ein Pfeil schlug gegen die Steinöffnung und fuhr dicht an Thomas' Kopf vorüber.

„Goddam!" fluchte der Engländer, aber noch verlor er den Mut nicht. „Die Feinde besitzen Beine und Arme, die sie blosstellen müssen, sobald sie den Pfad erklimmen. Schießen wir ihnen die Knochen entzwei!"

Blitzschnell fuhr sein Gewehr an die Wange und ein Schuß donnerte in das Thal hinab, aber vergeblich. Ein wildes Hohngelächter hinter einem der Holzschirme hervor belehrte den Engländer, daß seine Kugel umsonst abgefeuert sei.

Immer näher rückten die Indianer, trotz der von den Jägern abgegebenen Schüsse. Und dann kamen die ersten Feinde an den Felsen; der Aufstieg begann, langsam nur, aber sicher.

Roll schob seine Büchse durch eine der Steinöffnungen, doch in demselben Augenblick flog ein Hagel von Pfeilen heran und nur einem Wunder war es zuzuschreiben, daß der Alte unversehrt blieb.

„Gott will es, daß wir ein schmähliches Ende finden sollen!" flüsterte dieser. —

. Doch was war das? Aus dem Walde westwärts jagte eine Anzahl Blaujacken und ihnen folgten immer mehr und mehr. Und dann knallte es rechts und links, stromaufwärts und =abwärts.

„Hurra, die Soldaten aus dem Fort!" schrie Roll. „Seht wie sie von allen Seiten vordringen und die Schufte von Sioux hinter ihren Holzschirmen heruntersäbeln. Teufel, da jagt auch das Kind auf dem Rappen heran. Hurra!"

Der Alte war wie umgewandelt, vorher so niedergeschlagen und jetzt voll Freude und Jubel. Er kletterte so schnell als möglich den Felsen hinab und ihm nach eilten die Gefährten. Der Lord wäre um ein Haar in den Abgrund gestürzt, wenn ihn nicht Thomas im verhängnisvollen Augenblick mit eiserner Faust erfaßt hätte. —

Ein panischer Schrecken ergriff die Sioux. Sie hatten ihr Augenmerk auf das Felsenplateau gehabt und über den sicheren Erfolg ihres Angriffs entzückt, vergessen, die nötige Vorsicht anzuwenden. Die Soldaten waren bereits mitten unter ihnen, als sie erst ihre gefährliche Lage erkannten und sich zu verteidigen suchten, so gut es ging.

Einige der Indianer drängten nach dem Walde zurück, andere und das waren die meisten, stürzten sich in den

Miſſiſſippi; aber auch auf der Oſtſeite des Fluſſes erſchien eine ſtarke Reitertruppe; denn der Anführer der Soldaten, ein alter, unter Indianerkämpfen grau gewordener Offizier, hatte ſeinen Angriffsplan wohlerwogen und nichts unter= laſſen, um die Rothäute vollſtändig zu beſiegen.

Beſtürzt wichen die Sioux zurück und ſcharten ſich um ihren Häuptling, die glatte Schlange. Dieſer ſchien einen Augenblick gewillt, die nun verlaſſene Felſenburg zu erſteigen, aber das Thörichte ſeiner Handlungsweiſe ſofort einſehend, warf er ſich mit Ungeſtüm auf die Reiter im Weſten, hinter denen nun aber plötzlich, als ſeien ſie aus der Erde hervor= gezaubert, vierzig bis fünfzig Scharfſchützen auftauchten.

Salve nach Salve ertönte und dazwiſchen krachten die Büchſen der drei Jäger, jedesmal Opfer fordernd. Die meiſten der Dakotas fielen, nur einem kleinen Trupp von ſechs bis acht Mann gelang es, den ſchützenden Wald zu erreichen. Unter dieſen befand ſich auch, wie ſich ſpäter herausſtellte, der Häuptling. — — —

Der Kampf war beendet. Eine große Anzahl von Toten deckten das Schlachtfeld. Verwundete gab es nicht, denn die ergrimmten Blaujacken hatten keinen Pardon gewährt und zu Boden geſtochen, was ſie Feindliches er= reichen konnten.

Matotoë freute ſich nicht wenig, den Freunden ihres Stammes einen ſo wichtigen Dienſt geleiſtet zu haben. Ihr Blick hing gebannt an Thomas, der wiederholt des Mädchens Hand drückte und ihr erklärte, er werde ihr daheim im Chippeway=Dorf eine ſchöne Hütte bauen und ihr ſo viel Wild ſchießen, wie ſie in ihrem Leben noch nicht bei einander geſehen.

Roll ſprach dem Anführer der Soldaten im Namen ſeiner Kameraden den Dank aus.

„Ihr kamt gerade zur rechten Zeit!" ſagte er. „Eine Viertelſtunde ſpäter, und Ihr fandet nur noch unſere durch= ſchoſſenen Körper; denn lebend hätten wir uns nicht von den Feinden feſtnehmen laſſen."

Der Offizier lächelte gutmütig.

„Ich glaub's Euch schon," versetzte er. „Die Dakota hätten Euch Drei gewiß nicht fein säuberlich behandelt, ich kenne die Bande aus eigener Erfahrung. Dankt Gott und dem braven Indianermädchen für Eure Rettung! Mir gereichte es zur besonderen Freude, dem Lumpengesindel, das sich in neuerer Zeit gar zu viel erlaubt hat, einen derben Denkzettel gegeben zu haben. Sie werden diese Lektion hoffentlich auf einige Jahre im Gedächtnis behalten!"

Nachdem die Toten beerdigt waren, ließ der Anführer seine Leute lagern und ihnen Speise aus den mitgenommenen Vorräten reichen. Auch Roll, Thomas und Burton sprachen dem saftigen Hirschfleisch tapfer zu und waren so vergnügt, wie seit langem nicht.

Am Nachmittage brachen die Soldaten wieder auf. Die Jäger aber und Matotoë nahmen dankbar Abschied von dem Offizier und bestiegen die Pferde, welche ihnen der Anführer bereitwilligst zur Verfügung stellte. — —

Erst nach mehreren Tagen erreichten unsere Freunde das zerstörte Chippeway-Dorf, trafen aber hier auf Falkenklau, der durch Eilboten herbeigerufen, mit den Seinen wehklagend unter den Trümmern zubrachte, und erst ruhig wurde, als er seine Tochter erblickte und von Roll erfuhr, daß die Sioux total geschlagen seien.

Nach und nach kehrten auch die Flüchtlinge zurück, und nun ging es an den Wiederaufbau des Dorfes. Thomas half tapfer mit und hielt auch Wort: Für Matotoë entstand eine nach indianischen Begriffen prachtvolle Hütte, in die das Indianerprinzeßchen beschämt einzog, natürlich mit Thomas; denn dieser, durch die Heldenthat des Mädchens gerührt, machte es zu seiner Squaw, und der Vater der überglücklichen Matotoë sagte Ja und Amen dazu.

Roll und Burton blieben den ganzen Sommer bei den Chippeways, jagten nach Herzenslust und fühlten sich froh und glücklich unter den dankbaren Naturmenschen, welche nimmer den Dienst vergaßen, welchen ihnen die Bleichgesichter in der Stunde des Schreckens geleistet.

Erst im Herbst kehrte der Lord unter Führung Rolls nach St. Paul zurück. Hier verabschiedete er sich von dem alten ehrlichen Trapper, um sein Vaterland wieder aufzusuchen, versprach jedoch im nächsten Jahre wiederzukommen und dann in Begleitung des Alten den westlichen Prairien einen Besuch abzustatten.

Ob der Lord sein Wort eingelöst und welche Gefahren er auf dieser Reise mit seinen Begleitern teilte, das werden meine jungen Freunde in einem späteren Buche erfahren.

A. Seydel & Cie., Berlin C., Neue Friedrichstraße 48.